HEILIGE PLÄTZE
MAGISCHE ORTE

GLAUBE & RITUALE

HEILIGE PLÄTZE MAGISCHE ORTE

ERDE UND SCHÖPFUNG
SPIRITUELLE WEGE UND LANDSCHAFTEN
DIE QUELLE DER WEISHEIT

BRIAN LEIGH MOLYNEAUX

evergreen

EVERGREEN is an imprint of
TASCHEN GmbH

Hohenzollernring 53
D–50672 Köln
www.taschen.com

Originaltitel:
The Sacred Earth

Übersetzung aus dem Englischen: Markus Goeke

Umschlaggestaltung:
Catinka Keul, Köln

Printed in Singapore
ISBN 3-8228-1717-1

Inhalt

Einleitung

Die ausgedehnte Namib-Wüste in Namibia zeigt mehr visuelle Übereinstimmung mit dem Meer als mit vielen anderen Plätzen auf der Erde. In der lokalen Folklore heißt es oft, daß trockene Landstriche „vom Meer träumen".

Schon seit Urzeiten hatten viele Völker und Kulturen eine sehr lebendige Beziehung zur Erde; sie war ihnen Nährmutter und eine heilige Quelle des Lebens. Aus Bildern und Materialien der Erde versuchten sie den Sinn des Daseins zu erschließen. Bei den australischen Ureinwohnern ist die Landschaft Teil eines komplizierten gesellschaftlichen und religiösen Systems auf der Grundlage der Traumzeit – der Zeit jenseits der Erinnerung, in der Geistwesen das Land bevölkerten und ihm Gestalt verliehen. In anderen Kulturen, etwa im japanischen Schintoismus, gelten Felsen, Bäume, Flüsse und andere Naturformen als wichtige Träger geistigen Lebens; damit soll vielleicht die Fülle der letztlich fremdartigen Welt der Natur erklärt werden. Auch die Mythen vieler anderer Religionen stehen in einem unmittelbaren Zusammenhang mit der Erde und ihren Tieren und Pflanzen. Vermutlich wollte man damit das Geheimnis von Geburt, Leben und Tod und andere Grunderfahrungen des Menschen deuten.

Seit in Europa die Wissenschaft ihren Siegeszug antrat, gerät das Gleichgewicht zwischen Mensch und Natur immer stärker ins Wanken. Die Erwärmung der Erde und das Abholzen des Regenwaldes sind weltweit zum Thema geworden. Der Ökologie geht es beim Umweltschutz und der Bewahrung des unendlichen Reichtums der Natur um den Erhalt der „genetischen Vielfalt". Hand in Hand mit dem ökologischen Bewußtsein steigt in der westlichen Welt auch das Interesse an der uralten Weisheit verschiedenster Völker und Kulturen, angefangen vom astronomischen Wissen der mittelamerikanischen Indianer bis zum Schamanismus im Amazonasbecken, in Sibirien und der Arktis. In gewisser Weise kam es dadurch zu einer Umkehrung der herkömmlichen westlichen Haltung zur Wissenschaft und zum Übernatürlichen: Heute begegnet man der Wissenschaft verstärkt mit Skepsis, während die mystischen Geheimnisse der Erde, die Erdmysterien, an Glaubwürdigkeit gewinnen. Viele Menschen bemühen sich um eine geistige Annäherung an rätselhafte Phänomene, wie etwa die prähistorischen Steinkreise Großbritanniens, die steinzeitlichen Höhlenmalereien in Südfrankreich und Nordspanien und die Medizinräder der nordamerikanischen Ebenen; sie werden sich zugleich aber auch der Grenzen des verstandesbetonten Denkens bewußt.

Durch den technischen Fortschritt verloren Milliarden Menschen den Bezug zur Umwelt, unserer eigentlichen Lebensgrundlage. Heute kommt der Strom aus der Steckdose, und die Nahrung kaufen wir eßfertig verpackt, so daß es schwierig geworden ist, die wahre Bedeutung der Natur für das Leben des Menschen zu erkennen. Oft wird in diesem Zusammenhang argumentiert, daß neben der Wissenschaft auch die Religion ihren Beitrag zur Entfremdung des Menschen von der Natur leistete. Die ewige, allumfassende, nährende Muttergöttin (die Erde) wurde von männlichen Himmelsgöttern verdrängt; symbolisiert wird das etwa durch den Sieg Apollos über die Python in Delphi, dem Nabel der Welt. Diese Entwicklung dient auch oft als feministisches Argument gegen die patriarchale Gesellschaft, häufig ergänzt durch den Hinweis darauf, daß die einflußreichsten Religionen der Vergangenheit großen Schaden damit anrichteten, daß sie nur einen einzigen, überhöhten Gott im Himmel zulassen, der sich von der Schöpfung entfernt hat.

Auf einer sehr nüchternen, sachlichen Ebene gilt die Natur im Westen immerhin als beruhigender Anblick, als Ausgleich zum Stadtleben und Gelegenheit, das Auge in die Ferne schweifen zu lassen. Durch die einfache, weltweit gebrauchte Fortbewegungsart Gehen werden uralte Rhythmen spürbar, man richtet seine Erwartungen wieder weiter aus und muß den Geist nicht in die Vierminuteneinheiten des modernen Lebens zwängen. Eine ähnliche, wenn auch ungleich tiefergehende und aufwühlendere Erfahrung kann man machen, wenn man mit wacher, geistiger Offenheit die „heilige Bedeutung" der Landschaft wahrnimmt, die ihr frühere Kulturen über die Entfernung von Raum und Zeit hinweg verliehen haben. Die Geheimnisse der Erde findet man in Form von Bildern, Gestalten, Texten und mündlichen Überlieferungen, aus denen sich eine Fülle von Mythen, Ritualen und Glaubenslehren erschließt. Wer sich diesen Quellen nähert, spürt, wie neue Vorstellungen auf ihn einströmen, welche die Phantasie beflügeln, weil sie immer ein Stück außerhalb des üblichen Denkens liegen. Man ist versucht, sie als „Wahrheiten" zu bezeichnen, weil man ihre Tragweite instinktiv erahnt. Wer sich darauf einläßt, fühlt sich gestärkt und voll neuer Energie.

Erde und Schöpfung

Wissenschaftler erklären den Ursprung unseres Planeten und des Universums mit einer gewaltigen Explosion, die vor Billionen Jahren die gestaltlose Leere zerriß. Manchen Geschichtenerzählern zufolge ist die Existenz der Erde das Ergebnis von Handlungen und Kräften, die oft deutlich menschliche Züge tragen.

In vielen Mythologien ist eine Urgöttin die Quelle der Schöpfung. Den alten Griechen nach ging die Erdmutter Gaia aus dem Chaos hervor, und in den babylonischen Schöpfungsgeschichten einige hundert Jahre früher mußte zuerst Tiamat, der salzige Ozean, repräsentiert durch ein drachenähnliches Monster, besiegt werden, damit ein geordnetes Universum entstehen konnte.

Die Schöpfung ist ein ungeheuer dramatischer Akt: Ein Mythos erzählt, wie Himmel und Erde während einer Schlacht zwischen kosmischen Giganten getrennt wurden, ein anderer berichtet, wie das Land aus der Tiefe eines unermeßlichen Ozeans von einem kleinen Tier nach oben gebracht wurde. Nach dem Erscheinen der Welt entstanden in der nächsten Stufe der monumentalen Aufgabe der Schöpfung die Landschaften der Erde mit ihren Bergen, Schluchten und Tälern.

Die meisten Schöpfungsgeschichten sind ein Vorspiel zum Erscheinen des Menschen, der manchmal von anderen Welten kommt und manchmal von Göttern aus der Substanz der Erde selbst geformt wird.

In prähistorischer Zeit mag die langsame Rückkehr der Farben und der Bildschärfe mit jedem Sonnenaufgang die Vorstellungen über die Schöpfung beeinflußt haben.

Die Erschaffung der Erde

Der Glaube an eine aus dem Nichts erschaffene Welt findet sich in vielen Kulturen. Hebräischen Schriften zufolge befahl Jahwe einfach dem Himmel und der Erde, daß sie existieren sollten. Für die Zuñi Nordamerikas war es der Gott Awonawilona, der auf dem Himmel brütete und Sonne und Erde erschuf. Einige Schöpfer sollen immer noch in das Geschehen auf der Erde eingreifen, während andere sich wieder in die fernen Reiche, aus denen sie kamen, zurückgezogen haben.

Die sexuelle Vereinigung von Mann und Frau gilt in vielen Mythologien als Metapher für die Schöpfung, wie im altägyptischen Mythos der Himmelsgöttin Nut und des Erdgottes Geb (S. 13). Üblicherweise ist die Erde jedoch weiblich und spiegelt den Gleichklang zwischen der Fruchtbarkeit der Natur und der Frauen wider. In einer Version des Schöpfungsmythos der Luiseño im Süden Kaliforniens existierte am Anfang nichts außer einem Bruder und einer Schwester, der eine oben, die andere unten. Der Bruder begehrte seine Schwester und überwältigte sie, und sie gebar schließlich ein wenig Erde und Sand, den ersten festen Boden.

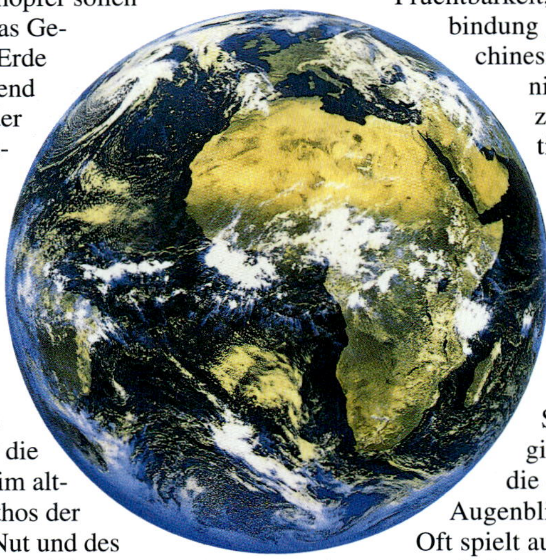

Die Erde ist nur von Göttern, Astronauten und Maschinen überblickbar. Der Mensch ist vom inneren, visionären Raum abhängig, um die Schöpfung zu verstehen.

Oft wird Schöpfung auch mit dem mächtigen und globalen Symbol der Fruchtbarkeit, dem Ei, in Verbindung gebracht. Vielen chinesischen und japanischen Berichten zufolge repräsentieren Eigelb und Eiweiß die Erde, die im kosmischen Wasser des Himmels treibt. Auch kann das Ei die Unterdrückung der Schöpfungsenergie symbolisieren, die erst im richtigen Augenblick hervorbricht. Oft spielt auch der Opfertod bei der Schöpfung eine Rolle. Der chinesische Gigant Pan Gu war, nachdem er Himmel und Erde getrennt hatte, so erschöpft, daß er sich niederlegte und starb, und seine Körperteile gestalteten die Form der Landschaften und des Himmels.

DER GROSSE KNALL

Der große Knall ist die Schöpfungsgeschichte der Wissenschaft des späten 20. Jhds. Dieser Theorie zufolge entstand das Universum aus einer riesigen thermonuklearen Explosion, die vor etwa zehn- bis zwanzigtausendmillionen Jahren stattfand und dazu führte, daß Sterne und Planeten sich voneinander wegbewegen. Niemand weiß, ob diese Auflösung sich für immer fortsetzen wird oder das Universum vielleicht allmählich zu einem implodierenden Ball zusammenfallen wird.

Viele Völker hielten Donner und Blitz für einen Ausbruch der kreativen göttlichen Energie. Für sie waren sie Äußerungen des Schöpfergottes Huracán, auf den der Name Hurrikan zurückgeht.

ERSCHAFFUNG DER WELT IN SAND

Im „Männerjagdweg", einem wichtigen Heilritual der Navaho Arizonas und Neumexikos, stellen der Medizinmann und die mit dem Patienten verbundenen Personen ein heiliges Sandbild her, das die Mutter Erde und den Vater Himmel darstellt. Dieses komplexe Bild ist eine Wiedererschaffung der Welt, welche die körperliche und geistige Harmonie des Patienten wiederherstellen soll. Die traditionelle Morasthütte der Navaho wird von allen häuslichen Gegenständen geleert, der Boden hergerichtet, der Raum eingesegnet, und die Herstellung des „Bildes" aus Sand, Pollen und zerstampfter Holzkohle (rechts) beginnt. Die Abbildung stellt Schöpfer, Gegenstände und Ereignisse am Beginn der Zeit dar. Der Ort, wo der Mensch erschien, wird durch eine kleine, in den Sand der Mutter Erde gegrabene und mit Wasser gefüllte Höhlung symbolisiert. Nach der Fertigstellung des Bildes verläuft eine dünne Linie aus Getreidepollen zwischen den Figuren. Sie steht für den heiligen Weg, den jedes übernatürliche Wesen angeblich gehen soll, und für den Weg des Patienten zur Harmonie.

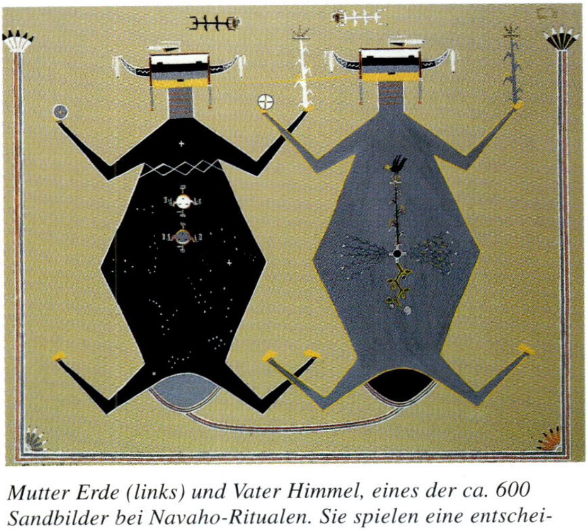

Mutter Erde (links) und Vater Himmel, eines der ca. 600 Sandbilder bei Navaho-Ritualen. Sie spielen eine entscheidende Rolle in Heilzeremonien, die sich über drei Tage erstrecken können und dann einfach weggewaschen werden.

Erde, Himmel und Kosmos

Den Himmel betrachtet man in vielen Überlieferungen als übernatürlichen Sitz von Gottheiten und kosmischen Kräften, die einen direkten Einfluß auf den Menschen haben. In der alten jüdischen Kosmologie war das Firmament ein festes Gewölbe, durchbrochen von Fenstern, darüber gab es ein Gewölbe aus Wasser und jenseits davon den Himmel, den Wohnsitz Gottes. Auch für die alten Babylonier bestand der Himmel aus drei Reichen, und andere Kulturen kennen vier, sieben oder mehr Ebenen. Häufig glaubt man an von der Erde aus unsichtbare Parallelwelten im Himmel. Den Mythen der Huronen und Irokesen zufolge war der Gründer der menschlichen Rasse eine Frau, Ataentsic, die durch ein Loch im Firmament von der Oberwelt auf die Erde fiel. In einem Mythos der Navaho war der Himmelsberg, nahe dem Mount Taylor, einst so hoch, daß er den Helden Jun-

Für die Chinesen bildeten sich die Wolken durch die Vereinigung von Yin und Yang und symbolisierten daher Frieden. In vielen Kulturen verfolgen die Götter einander als Liebende oder Feinde inmitten der Wolken; insgesamt hielt man das Firmament für den Aufenthaltsort aller nebulösen Dinge.

DAS MÄUSEORAKEL DER BAULE

Das Volk der Baule an der Elfenbeinküste benutzt manchmal ein „Mäuseorakel", um schwierige Probleme zu lösen. Das Orakel ist ein hölzernes, in zwei durch ein Loch verbundene Bereiche geteiltes Gefäß: Der obere Teil wird Himmel, der untere Erde genannt. Das Gefäß ist ein Modell des Kosmos, das die untrennbare Natur der Himmels- und Erdgötter widerspiegelt. Der Wahrsager benutzt eine Feldmaus als Boten, da man glaubt, daß diese in enger Beziehung zu *asye*, der heiligen Energie der Erde, steht. Die Maus wird in den oberen Bereich gesetzt und gelangt durch das Loch in den unteren Teil. Dann legt der Wahrsager ein Muster aus kleinen Knochen in die obere Hälfte, streut Reis, um die Maus anzulocken, und deckt das Gefäß zu. Nachdem die Maus den Reis gefressen und dabei die Knochen durcheinandergebracht hat, liest der Wahrsager, was das neue Muster offenbart.

ger Bruder durch ein Loch im Firmament in die Oberwelt trug.

In vielen Mythologien heißt es, daß Himmel und Erde vereint waren, bevor sie getrennt wurden. Den alten Ägyptern zufolge vereinigten sich der Luftgott Shu und die Göttin der Feuchtigkeit und erschufen den Erdgott Geb und die Himmelsgöttin Nut. Diese Gottheiten umschlangen sich so eng, daß zwischen ihnen kein Platz für andere Wesen war. Nut wurde schwanger, doch es gab keinen Raum für ihre Kinder, bis der Gott Shu sie trennte.

In vielen Kulturen sind Himmel und Erde durch einen kosmischen Baum verbunden, der seine Wurzeln in der Unterwelt und seine Äste im Himmel hat (S. 90–91). Einige Völker glauben, daß Erde und Himmel einst durch ein Seil oder eine Brücke verbunden waren, die durch menschliche Missetaten, göttlichen Zorn oder beides durchtrennt worden waren.

Die Empfindung, daß der Mensch den Himmelsmächten untertan ist, dem Schlüsselprinzip der Astrologie, findet sich auch in den alten Taufriten vieler Gesellschaften. Z.B. werden bei vielen Ureinwohnern Afrikas, Nord- und Südamerikas Neugeborene traditionell der Sonne und dem Mond preisgegeben.

Jakobs Traum *von William Blake (1757–1827). Die Vorstellung einer Leiter, die zum Himmel führt, drückt das Streben nach Göttlichem aus. Die* Genesis *beschreibt Jakobs Traum: „Er sah eine Treppe, die auf der Erde stand und bis zum Himmel reichte. Auf ihr stiegen Gottes Engel auf und nieder." Jede Sprosse galt als Stufe zu spirituellem Wachstum.*

Bodensorten

In einigen Schöpfungsmythen heißt es, daß der Mensch aus dem Schlamm, dem Sand oder dem Lehm der Erde geformt wurde. Der tahitianische Schöpfer Ta'aroa soll die Erde Tahitis benutzt haben, um den ersten Menschen zu formen, der, passend für eine von Stränden gesäumte Insel, in „Sand gekleidet" war. Den Hopi Nordamerikas zufolge spann Spinnenfrau, die große Weberin des Universums, die ersten Menschen aus den vier Farben der Erde – gelb, rot, weiß und schwarz – und bildete damit das Grundmuster für die rituelle Sandmalerei dieser Gesellschaft (S. 11).

Nicht immer schien das rohe Material der Erde für die Zwecke der Schöpfung geeignet. Dem *Popol Vuh* nach, dem traditionellen Geschichtswerk der Quiché Guatemalas aus dem 16. Jhd., versuchte die Großmutter aller Geschöpfe, Menschen aus Staub und Lehm zu formen. Sie waren jedoch zu weich und verformbar, um gute Diener abzugeben, und so zerstörte sie sie wieder.

Die alte mesopotamische Göttin Mami war, als sie Lehm, Speichel, Fleisch und Blut mischte, um die ersten sieben Frauen und Männer zu machen, erfolgreicher (siehe gegenüberliegende Seite). Die Verwendung so verschiedenartiger Materialien beim heiligen Akt der Schöpfung verweist auf die Bedeutung, Körperliches und Geistiges zusammenzubringen. Ein wichtiges Werkzeug bei Mamis Arbeit war ein normaler Schlammziegel, dessen Gebrauch den Ursprung des Volkes mit ihren Häusern, Dörfern und Tempeln, die aus diesem Material gebaut waren, in Verbindung brachte und die heilige Natur dieser alltäglichen Tätigkeit betonte.

Alte chinesische Kaiser besaßen große, lebensechte Terrakotta-Armeen als Ausdruck ihrer Macht und um sie ins Leben nach dem Tode zu begleiten und dort zu schützen.

DER GETÖPFERTE MENSCH

Den alten Ägyptern zufolge formte der widderköpfige Gott Khnum den Menschen auf einer Töpferscheibe. In dem Glauben, daß Gott die Kinder in der Gebärmutter formt, lassen die Frauen der Rwanda ein wenig Wasser stehen, bevor sie schlafen gehen, damit der Gott es benutzen kann, um den Lehm zu kneten, aus dem die Menschen gemacht sind. Im alten Babylon betrachtete man das Töpferhandwerk als eine Analogie zur Gestaltung des Lebens, und die Worte für Wiedergeburt waren: „Wir sind wie frischgebrannte Töpfe."

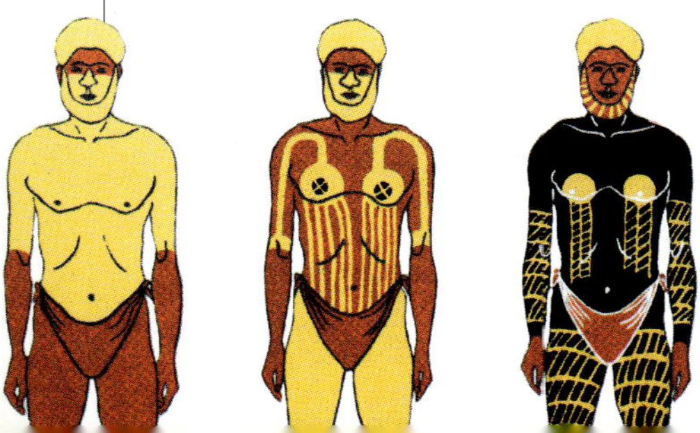

Die Erde liefert viele farbige Pigmente, mit denen sich die Tiwi-Tänzer auf den Melville- und Bathurstinseln an der Küste des nördlichen Territoriums Australiens früher für Initiationsriten schmückten.

MESOPOTAMISCHER SCHÖPFUNGSMYTHOS: AUSZUG AUS EINER ERZÄHLUNG DES ATRAHASIS

Der Autor dieses Textes ist Nur-Aya, der ihn während der Regierungszeit des Ammi-saduqa, König von Babylon (1702–1682 v. Chr.), in Tontafeln ritzte.

Geshtu-e, ein Gott von großer Einsicht,
Sie [die großen Götter] töteten ihn auf ihrer Versammlung.
Nintu mischte Tonerde
Mit seinem Fleisch und Blut.
Sie hörten die endlosen Trommelschläge.
Ein Geist entstand aus dem Fleisch des Gottes,
Und Sie [Nintu] erklärte ihn für sein lebendiges Zeichen.
So existierte der Gott, um an ihn zu erinnern [den erschlagenen Gott].
Nachdem sie die Tonerde gemischt hatte,
Rief sie hinauf zu den Anunnaki, den großen Göttern.
Zu den Igigi, den großen Göttern,
Sie spuckte auf die Tonerde.
Mami [Nintu] ließ ihre Stimme erschallen
Und sprach zu den großen Göttern,
„Ich habe die Arbeit vollendet,
Die ihr mir aufgetragen habt.
Ihr habt einen Gott gemeinsam mit seiner Intelligenz gemetzelt.
Ihr habt euch von eurer Tat freigesprochen,
Ich habe eure Last den Menschen aufgebürdet,
Ihr habt der Menschheit den Streit gebracht.
Ich habe die Fesseln gelöst und Freiheit gewährt."
Sie hörten ihre Rede
Und waren großzügig [aus Angst] und küßten ihre Füße:
„Wir nannten dich Mami,
Doch von nun an soll dein Name Herrin aller Götter sein."
Der weitsichtige Enki und die weise Mami
Betraten den Raum des Schicksals.
Die Muttergöttinnen waren versammelt.
Er stampfte den Boden in ihrer Gegenwart fest,
Sie sagte Zaubersprüche auf,
Für Enki, der vor ihr stand, sagte sie ihre Zaubersprüche auf.
Als sie ihren Zauber beendet hatte,
Nahm sie vierzehn Stücke [Ton]
[Und legte] sieben Stücke nach rechts,
Sechs nach links.
Dazwischen legte sie einen Ziegel aus Morast.
Sie benutzte [?] ein Schilfrohr, öffnete es, um die Nabelschnur zu durchtrennen,
Rief die weisen und klugen
Muttergöttinnen an, sieben und sieben.
Sieben erschaffene Männer,
Sieben erschaffene Frauen,
Denn der Schoß der Muttergöttin erschafft alles Sein.

Quelle: Tafel 1 des *Atrahasis*, ins Englische übersetzt von Stephanie Dalley in: *Myths from Mesopotamia*, Oxford University Press, 1989.

Die Urmutter

Der Glaube, daß die traditionelle Idee einer „Mutter Natur" ihre Wurzeln in einer prähistorischen Religion, die eine allmächtige Erdgöttin (die Urmutter oder Große Mutter) verehrte, hat, findet heute im Westen viele Anhänger.

Bei Feministinnen findet diese Auffassung wegen ihrer antipatriarchalen Implikationen Anklang, bei Ökologen wegen des Respektes, der dadurch der Natur gegenüber ausgedrückt wird.

Einige Gelehrte haben vermutet, daß die erste feststellbare Gottheit tatsächlich eine Göttin war, die die Welt aus sich selbst heraus erschuf, daß in frühen Religionen die Verehrung eines solchen höchsten Wesens dominierte und daß frühe Gesellschaften matriarchal waren. Diese Hypothesen stützen sich in erster Linie auf die prähistorischen Höhlenmalereien, auf Schnitzereien und Tonfiguren. Schnitzereien wie die sogenannte „Venus", entdeckt in Laussel in der Dordogne, und zahlreiche andere „Venus-Figurinen" lassen vermuten, daß in der Steinzeit der Zusammenhang von Frauen und Fruchtbarkeit anerkannt und sogar gefeiert wurde. Diese Hypothesen beweisen jedoch in keiner Form die Existenz eines frühen Glaubenssystems, in dessen Zentrum eine Urmutter stand, und daß sie als matriarchales Modell für die meisten alten Gesellschaften gedient haben soll, ist reine Spekulation.

Die starken Oberschenkel dieser 6000 Jahre alten Figur aus Anatolien legen die Verbindung mit Fruchtbarkeitsritualen nahe.

Als sich in der späteren Jungsteinzeit seßhaftere Ackerbaukulturen entwickelten, verlagerte sich das spirituelle Interesse augenscheinlich in Richtung auf die Fruchtbarkeit der Erde. In den 60er Jahren wurde während archäologischer Ausgrabungen in der altanatolischen Stadt Çatal Hüyük, deren Blütezeit zwischen 6500–5700 v. Chr. war, in einem Getreidespeicher eine thronende weibliche Figur gefunden, die offenbar gerade gebärte und von zwei Leoparden flankiert wurde. Einige Experten sahen in dieser Figur den Beweis für eine Religion, die auf einer Urmutter basierte, andere hielten sie für eine niedere Fruchtbarkeitsgöttin.

Während der Bronzezeit wurden in der minoischen Kultur (ca. 1400–1100 v. Chr.) Palastheiligtümer in Knossos, Gournia, Phaistos und Mallia errichtet. Jedes befindet sich in einer ähnlichen landschaftlichen Situation und scheint eine riesige weibliche Figur zu bilden: Die Paläste befinden sich in der Nähe zweier Berge, die an Brüste erinnern, und neben einem runden Hügel, der der Bauch einer Frau sein könnte. All das beweist nicht, daß die Minoer eine Göttin als höchste Gottheit verehrten, legt aber nahe, daß ihnen die heilige weibliche Kraft bekannt war.

Erdenfrau, *eine grasbepflanzte Figur (etwa 10 Meter lang), 1976 von James Pierce auf einer Farm in Maine geschaffen. Sie spiegelt die Faszination für Urmuttergöttinnen wider.*

VENUSFIGURINEN

Die weiblichen Statuetten, bekannt als Venusfigurinen, tauchten in Europa zwischen 35000 v. Chr. und 10000 v. Chr. auf. Viele der Exemplare aus Stein, Knochen, Elfenbein und Ton sind, wie die Venus von Willendorf, nackte fleischige Frauen mit großen, hängenden Brüsten, dickem Gesäß und geschwollenem Bauch. Die Körperlichkeit legt eine Nähe zur Fruchtbarkeit nahe. Die Figuren haben keine Füße, und die Beine laufen spitz zu, was darauf hinweist, daß man sie aufrecht in den Boden stecken und anbeten konnte. Einige Experten argumentierten, daß die plumpe Form der Figuren eher darauf hindeute, daß sie gelegen oder gesessen haben und so mit dem Körper der Erde in Verbindung traten.

Vermutlich waren die Venusfigurinen jedoch wohl eher Symbole sozialer Identität als Göttinnen, die benutzt wurden, um die sozialen Beziehungen der verstreut lebenden Jägergruppen zu festigen. Es ist auch möglich, daß die Figurinen Porträts wirklicher Frauen waren.

Tatsächlich haben Archäologen Hunderte von Steintafeln mit eingravierten Zeichnungen entdeckt, die aus derselben Zeit wie die Venusfigurinen stammen und von denen einige starke individualistische Züge tragen.

Diese Kalksteinvenus aus Willendorf in Österreich ist ca. 25 000 Jahre alt und etwa 10 cm hoch.

Die Göttin des Westens

Verschiedene weibliche Gottheiten der alten mediterranen Welt wurden als Verkörperung der Idee der „Urmutter" interpretiert. Z.B. teilten die griechischen Göttinnen Gaia, Rhea, Demeter und Hera alle die Eigenschaften des Nährens und der Fruchtbarkeit und wurden im allgemeinen mit der Natur in Verbindung gebracht. Kybele, eine große Erd- und Muttergöttin, die ihren Ursprung in Phrygien, im Zentrum Kleinasiens, der heutigen Türkei, hatte, kam vermutlich dem Begriff einer obersten Erdgöttin am nächsten. In Rom führte sie zurück zur Magna Mater, der Großen Mutter, und ihr Einfluß war so groß, daß ihre Statue 204 v. Chr. auf Geheiß des delphischen Orakels von Pergamon in Kleinasien nach Rom gebracht wurde in dem Glauben, daß sie den Römern im Kampf gegen die Karthager beistehen würde. Das Verhältnis Roms zu dieser Göttin war ambivalent: Einerseits erschien ihnen ihr ekstatischer Kult mit den selbstkastrierten Priestern in seinem Charakter fremdartig, andererseits wurde sie auf Grund ihrer Herkunft nahe Troja als „eingeborene" Gottheit behandelt.

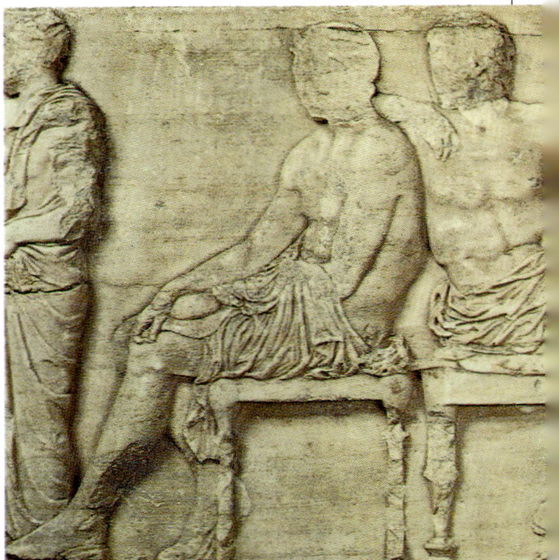

Die Blätter und Blumen, von denen die Jungfrau Maria umgeben ist, könnten Relikte alter Fruchtbarkeitsrituale sein.

Mit der Ausbreitung des Christentums nahm die öffentliche Verehrung männlicher Gottheiten zu, jedoch blieb die Verehrung von Mutter Erde in der Volksreligion und dem Volksglauben lebendig. Kybele wurde weiterhin unter dem Namen Berecynthia verehrt. Noch im 6. Jhd. n. Chr. beobachtete Gregor von Tours gallo-römische Kleinbauern, die eine Statue Kybeles um ihre Felder trugen, damit die Göttin ihr Getreide beschützte. In Eleusis in Attika wurde Demeter bis in die Gegenwart hinein als Herrin der Erde und des Meeres verehrt.

431 n. Chr. wurde die Jungfrau Maria offiziell zur Mutter Gottes erklärt und erbte dadurch den Titel der Kybele, den Griechen als Mutter der Götter bekannt. Das Konzil, bei dem die neue Stellung Marias verkündet wurde, wurde in Ephesus, einem altgriechischen

Die Erdgöttin Demeter mit den Göttern Hermes, Ares und Dionysos auf dem Ostfries des Parthenon in Athen (447–438 v. Chr.).

Zentrum der Verehrung der Göttin, abgehalten. In der christlichen Welt verbreitete sich der Kult der heiligen Jungfrau Maria sehr schnell und blüht bis zum heutigen Tag. Maria übernahm viele Eigenschaften vorchristlicher Göttinnen, und viele ihrer Heiligtümer waren ehemaligen weiblichen Gottheiten geweiht. Z.B. beobachtete Epiphanus, der Patriarch von Konstantinopel im 4. Jhd., arabische Frauen, die der Jungfrau an einem Heiligtum Opfer darbrachten, an dem ihre Vorfahren einst Ashtoreth, eine Göttin des Nahen Ostens, verehrten. In Mexiko wurde die Jungfrau von Guadalupe von den Ureinwohnern als Nationalsymbol des Landes akzeptiert, da sie sie als Inkarnation der Tonantsi, der aztekischen Erd- und Muttergöttin, betrachteten.

DER KULT DER HEILIGEN BRIGITTA

Im 9. Jhd. stellte ein irischer Bischof ein Glossar zusammen, das den Namen Brigitta (Brigid), einer alten Göttin, enthielt. Es ist wenig über diese Göttin bekannt, doch scheint sie eine Erdgöttin gewesen zu sein. Auch heißt es manchmal, daß es drei Brigittas gegeben haben soll, von denen jede einen bestimmten Aspekt der Göttin repräsentierte, was sie mit der Dreiheit der Muttergottheit der Kelten, Briten und Gallier verbindet.

Mit der Christianisierung im 5. Jhd. begannen die Iren eine Heilige zu verehren, die den Namen der Göttin trug und wie sie ihren Festtag am 1. Februar hatte, einem heidnischen Fest, das mit der Säugungszeit der Mutterschafe in Verbindung stand. Die Heilige erbte noch andere Aspekte der Göttin: Ihre Kühe sollen einen See von Milch gegeben haben, und ihre Unterstützung mit Nahrung nahm nie ein Ende. Im Volksglauben wachte sie über die Familie und die Geburt, beschützte die Herden und war die Pflegemutter Christi.

Minerva und die Musen *von Hans Jordaens (1595–1644). Die Göttin Minerva wird mit Brigitta gleichgesetzt.*

Frauen als Göttinnen

Dieses Manuskript aus dem 11. Jhd. zeigt die Erdgöttin als die Natur selbst, die aus dem Erdboden aufsteigt.

Ein romantischer Begriff der Mutter Erde wurde im 19. Jhd. benutzt, um den weitverbreiteten Kult idealisierter Weiblichkeit zu unterstützen. Eine ironische Parallele zu dieser Strategie findet sich in der Moderne, in welcher sich Frauen in der gesamten westlichen Welt alten Erdgöttinnen zuwenden, um so weibliche Macht zu legitimieren. Zur Inspiration dienten hierzu Göttinnen wie Kybele, die römische Magna Mater, die ebenso furchterregend und chaotisch wie auch nährend sein kann, und Kali, die Hindu-Göttin, die ebenso beide Aspekte in sich vereinigt.

Für viele Frauen bedeutet die große Erdgöttin genau jene Befreiung, die sie meinen, da sie alle Aspekte und alle Widersprüche in sich vereinigt; genau wie die Natur selbst ist sie beides, Schöpferin und Zerstörerin. Das Christentum hat, im Gegensatz dazu, den kulturellen Begriff von Weiblichkeit bisweilen polarisiert: in eine irdische, sinnlich-fleischliche Verführerin Eva und in die untadelige Jungfrau Maria, für die Geburt etwas außerhalb der Natur Liegendes ist.

In vielen Stammesgesellschaften verkörpert die Erdgöttin Geburt, Tod und Wiedergeburt – den endlosen Kreislauf, in den der Mensch sich fügen muß. Die Erdgöttin verneint den Tod nicht, indem sie ewiges Leben verspricht, sondern feiert den Tod als Teil des Rhythmus der Natur. Die Ibo in Nigeria stellen Mutter Erde oft ein Messer haltend dar, da sie sowohl Lebenskraft wie auch das Gegenteil symbolisiert, und in einem Mythos der Huronen Nordamerikas war Göttin Yatahéntshi beides, Mutter der Menschheit und Hüterin des Todes.

In der altanatolischen Stadt Çatal Hüyük (6500–5700 v. Chr.) haben viele Häuser Heiligtümer mit brustartigen Objekten, die aus den Wänden ragen. Diese seltsamen, suggestiven Formen wurden um die Schädel von Geiern, Füchsen und Wieseln herum modelliert, deren scharfe Schnäbel und Zähne die Brustwarzen bilden. All diese Tiere sind Aasfresser. Es scheint, daß die Bewohner von Çatal Hüyük eine spirituelle Verbindung zwischen Frauen und dem Tod sahen.

Das starke Interesse, das den Erdgöttinnen in der Moderne entgegengebracht wird, spiegelt eine Haltung wider, in der die Welt sich nicht aus kriegerischen Gegensätzen entwickelt, sondern ein sich kontinuierlich entfaltender Prozeß ist. Das Heilige wird weitgehend als der Natur innewohnend, nicht sie überschreitend gesehen.

Diese Werbung aus den 50er Jahren für eine ideale Küche zeigt die Frau, festgelegt in ihrer Rolle als Ernährerin (in diesem Fall ist Eis ihr spezielles Element).

SCHLANGENGÖTTINNEN

In der Jungsteinzeit wurden Erdgöttinnen oft schlangentragend dargestellt, ein altes Symbol für Heilung und Fruchtbarkeit. Als männlich dominierte Götterhimmel den alten Erdglauben verdrängten, wurden die Schlangengöttinnen entthront.

Das Orakel zu Delphi, das man mit der Erdgöttin Gaia identifizierte, wurde von einer Priesterin namens Pythia geleitet, die die Orakel empfing, während sie auf einem Dreifuß saß, der von einer Pythonschlange bewacht wurde. Nach einer fürchterlichen Schlacht soll Apollo die Python getötet und den Schrein übernommen haben. Damit besiegte ein Himmelsgott, der mit Krankheit verbunden wurde, die Verkörperung von Heilung und Fruchtbarkeit.

Immer wenn Drachen und Schlangen in Mythen auftauchen (wie im babylonischen Schöpfungsmythos), ist es möglich, daß sie die unterbewußte Allegorie einer alten matriarchalischen Religion sind.

Persische Schlangengöttin.

Der Körper der Erde

Der Glaube, daß unser Planet ein lebendiges Wesen ist, erhält immer dann einen konkreten, überzeugenden Ausdruck, wenn bestimmte Landschaftsformen als Körperteile eines übernatürlichen Wesens interpretiert werden.

Für die Thompson in British Columbia wurde die Erdfrau schon vor langer Zeit in Erscheinungen der gegenwärtigen Welt verwandelt: Ihr Haar wurde zu Bäumen und Gras, ihr Fleisch zum Erdboden, ihre Knochen wurden zu Bergen und Felsen und ihr Blut zu Wasser. Das babylonische Schöpfungsepos berichtet, wie der Gott Marduk die Göttin des wäßrigen Chaos, Tiamat, tötete. Er spaltete sie in zwei Hälften „wie Fische, die zum Trocknen aufgehängt werden", zwang eine Hälfte in einen Bogen, um das Firmament zu bilden, und überhäufte die untere Hälfte mit Bergen. In der nordischen Mythologie entstand der Urgigant Ymir aus der Vereinigung von Eis und Feuer. Sein Körper bildete die Erde, sein Blut die Meere und seine Haut den Himmel.

Diese Photographie aus dem frühen 20. Jhd. zeigt Mädchen aus der Bretagne, die um eine phallische Steinsäule tanzen, um sich zukünftiger Fruchtbarkeit zu versichern.

Einer aztekischen Legende zufolge wurden die ersten Menschen in einer Höhle geboren und vom Geist der Erde, Mecitli, gesäugt. In altägyptischen Mythen wird die Erd- und Muttergöttin Hathor als Kuh dargestellt, die den Menschen mit der lebenspendenden Milch versorgt.

Eine Felsspalte als Teil einer weiblichen Figur an einem prähistorischen Ort in Kanada.

Höhlen und Löcher im Boden wurden in vielen Regionen als Vagina, Gebärmutter oder andere Eingänge (manchmal auch als Ausgänge aus der Unterwelt) in die Mutter Erde betrachtet. Das Heiligtum von Kamakhya Dewi in Ostindien ist eine natürliche Felsspalte, von der die Hindus glauben, daß sie die Vagina einer Göttin ist, die alljährlich, während eines Festes zu ihren Ehren,

menstruiert. Diese direkte Übereinstimmung zwischen Naturlandschaft und Gottheiten findet sich auch in der Felskunst, wo z.B. ein Maler eine natürliche Spalte als Vulva betrachtet und in sein Bild einbezieht.

Monolithen werden in vielen Kulturen als phallisch betrachtet. In der ländlichen Bretagne pilgerten kinderlose Frauen zu alten Steinsäulen, da sie diese für eine Konzentration männlicher Potenz hielten, beteten dort und glaubten, so fruchtbar zu werden. In Indien wird der Gott Schiwa durch eine phallische Säule, bekannt als Linga, repräsentiert, eine von vielen Beziehungen zwischen Göttlichkeit und Männlichkeit.

Viele New-Age-Anhänger glauben, daß die „männlichen" und „weiblichen" Steine von Men-an-Tol in Cornwall Erdenergie bündeln, die ihnen heilende Kräfte verleiht.

DER SIPAPU

Dem Schöpfungsmythos der nordamerikanischen Hopi zufolge betrat der Mensch die gegenwärtige Welt durch eine Öffnung, die *sipapu* genannt wurde. Dieses Auftauchen wird während der *wuwuchim*-Zeremonie, einer Wiedergeburtsfeier, wiederholt. Dieses Ritual wird alle vier Jahre in einem kuppelförmigen Bauwerk, *kiva* genannt, abgehalten. Das *kiva* wird für die Mutter Erde selbst gehalten. Ein Loch in der Mitte des Bodens repräsentiert *sipapu,* und eine Leiter, die durch eine Öffnung auf das Dach führt, steht für die Nabelschnur, die nach draußen, in die nächste Welt führt.

DER GNÄDIGE PHALLUS

Im jordanischen Petra, der ehemaligen Hauptstadt des Nabatäischen Königreiches, das seine Blüte zwischen 150 v. Chr. und 150 n. Chr. erlebte, stehen auf der Kuppe eines Sandsteinberges zwei Obelisken (rechts). Die Nabataner waren ein arabisches Volk, das in der Gegend des heutigen Syrien und Saudi-Arabien lebte. Sie trugen das Gestein um die Säulen, die etwa 6 Meter hoch sind und 30 Meter voneinander entfernt stehen, herum ab. Diese Landmarkierungen dienten einem religiösen Zweck und standen vielleicht für die Götter Dusares und Al Uzza. Ganz sicher waren sie Fruchtbarkeitssymbole, weshalb der Ort von den heutigen Beduinen immer noch Zibb Attuf (das heißt „Platz des gnädigen Phallus") genannt wird.

Die Säulen von Zibb Attuf.

Der Nabel der Welt

Der heiligste Stein des alten Griechenland befand sich in der Orakelkammer des Apolloheiligtums in Delphi, am südlichen Abhang des Parnaß. Dem griechischen Dichter Hesiod aus dem 8. Jhd. zufolge war der eiförmige Stein von Zeus dorthin gelegt worden und stand in der Nähe des Dreibeins, auf dem die Priesterin zu sitzen pflegte und ihre Prophezeiungen verkündete, vielleicht angeregt durch narkotische Dämpfe aus dem Innern der Erde. Die Griechen hielten diesen Stein für den Mittelpunkt der Erde und nannten ihn *omphalos* oder Nabel. Auf diese Weise setzten sie den Stein mit dem Körper der Göttin Gaia in Beziehung, die für die Erde selbst gehalten wurde.

Der omphalos *in Delphi, wo die Priesterinnen des Apollo ihre Prophezeiungen gaben.*

Ein anderer *omphalos* befand sich auf der Insel Kreta, einem heiligen Ort, wo die Nabelschnur des Zeus nach seiner Geburt heruntergefallen sein soll. Die Orte dieser beiden Nabelsteine verbinden auf symbolische Weise Zeus, den höchsten Gott, mit der Erdgöttin Gaia und wurden als Urquell des Lebens selbst betrachtet.

In einigen Kulturen glaubt man, daß der Nabel sich in der natürlichen Gestalt der Erde offenbart. Manchmal heißt es, daß verwitterte Berge, deren Gipfel hoch an den Himmel reichen, das Zentrum des Kosmos bilden. Der Berg Gerizim in Palästina wurde in den hebräischen Schriften (dem Alten Testament) als Nabel der Erde beschrieben, und der Name des Berges Tabor stammt von dem hebräischen Wort für Nabel, *tabur*. Auch der Fels, auf dem Jerusalem erbaut worden war, wurde als eine Art Nabel betrachtet. Der hebräischen Überlieferung zufolge war er das spirituelle Zentrum des Heiligen Landes. Als Platz, an dem Mohammed in den Himmel aufstieg, ist er auch den Moslems heilig.

Die markante Kuppel des Mount Tabor, der Ort der Verklärung Christi, wird als Zentrum spiritueller Energie betrachtet.

Das kosmische Zentrum, das auch durch einen Baum, eine Säule oder andere symbolische Brennpunkte markiert werden kann, ist der Ruhepol einer Landschaft in einer Welt, in der

Harmonie und Ordnung positive Bedeutung haben.

Es gibt vermutlich ebenso viele symbolische Weltzentren wie soziale Gruppen. Die Puebloindianer des Tewa-Volkes z.B. betrachten jedes Dorf als eine Welt im kleinen, eingerahmt an den Kardinalpunkten von vier heiligen Bergen und vier heiligen Hügel und dem heiligsten Punkt im Zentrum.

Der Felsendom in Jerusalem (oben) wird von den Moslems als Nabel der Welt verehrt.

REISE INS ZENTRUM DER ERDE

Die Erzählungen des französischen Schriftstellers Jules Verne (1828–1905), der als Vater der modernen Science-fiction-Literatur gilt, basieren auf wissenschaftlichen Theorien, Erfindungen und Reiseberichten und spiegeln die Faszination des Autors für geographische und räumliche Weite wider. Der *omphalos* oder zentrale Punkt ist ein immer wiederkehrendes Motiv. Vernes vielleicht erfolgreichster Roman, *Reise zum Mittelpunkt der Erde* (1864), ist ein geologisches Epos, in dem, typisch für Verne, trockene Wissenschaft und poetische Phantasie geschickt miteinander verknüpft sind, und in dem die Faszination für Abenteuer durch den außergewöhnlichen Ort der Handlung verstärkt wird. Einfluß auf den Roman hatte die Theorie des US-Infanteristen John Cleves Synmes, der behauptete, daß die Erde hohl sei und aus fünf konzentrischen Sphären bestehe, mit Öffnungen an beiden Polen. Diese Idee verknüpfte Verne mit der Theorie seines Freundes Charles Sainte-Claire Deville, einem berühmten französischen Geographen, daß alle europäischen Vulkane unterirdisch miteinander verbunden seien.

Geschmücktes Ganggrab auf Gavrinis in der Bretagne.

DER NABEL

Viele megalithische Monumente Europas verweisen in ihrer Konstruktion und Verzierung ausdrücklich auf die männliche und weibliche Anatomie. In dem Ganggrab von Gavrinis auf einer kleinen Insel im Golf von Morbihan in der Bretagne sind alle 23 Steinplatten, die den Durchgang säumen, vollständig mit einem abstrakten Muster bedeckt. Jedes Muster besteht aus einer Reihe von Bögen, die vom Rand aus, wo sie die Form einer Vulva haben, zum Zentrum hin immer größer werden. Einige Forscher haben dieses Muster als Bauch mit heraustretendem *omphalos* gedeutet, der die Toten mit dem Nabel der Erde verbindet. Auch der kuppelförmige Hügel von Silbury Hill in Wiltshire, England (S. 106–107), könnte der Bauch einer Göttin sein: Der *omphalos* ist der runde Gipfel des Hügels.

Der Mensch und die Elemente

Viele Zivilisationen haben den Menschen als Mikrokosmos betrachtet. Dem Hauptgedanken nach, der die alchemistische Tradition Europas durchzieht, sind es die vier Elemente (Erde, Luft, Feuer und Wasser) und deren Wechselwirkung, die jede Naturerscheinung hervorbringen. Im menschlichen Körper werden sie durch vier Flüssigkeiten oder Gemütsverfassungen repräsentiert.

Nach dem Mithrakult, einem geheimnisvollen Kult persischen Ursprungs, der im Römischen Reich sehr populär war, mußte der Mensch zunächst die Elemente beherrschen, bevor er spirituelle Weisheit erlangen konnte. Jemand, der dem Kult beitreten wollte, mußte Riten der Erde, der Luft, des Wassers und des Feuers über sich ergehen lassen, von denen jeder einen anderen Aspekt seiner Natur testete. Der Hermetizismus, der auf 42 Büchern mystischer Weisheit aus dem 3. Jhd. v. Chr. bis zum 1. Jhd. n. Chr. basiert und dessen Entstehung einem göttlichen Meister magischen Wissens, Hermes Trismegistos, zugeschrieben wird, gipfelt in dem Glauben, daß man, um Perfektion zu erlangen, nur über die Herrschaft der Elemente nachsinnen müsse. „Das, was oben ist, ist wie das, was unten ist, und das, was unten ist, ist wie das, was oben ist.“ Dieses Prinzip bildet die Grundlage der Alchemie: Der Mensch war das Ebenbild Gottes und trug in sich die Essenz, die *prima materia*, des Universums. Chinesische Mythen erzählen, wie die geordnete Welt aus dem Giganten Pan Gu hervorging: Seine Tränen bildeten die Flüsse, sein Atem den Wind, seine Stimme den Donner, das Glitzern seiner Augen die Blitze. Seine Augen wurden Sonne und Mond,

Diese indische Malerei aus dem 19. Jhd. zeigt Wischnu, die gesamte Welt repräsentierend.

Auf diesem chinesischen Holzschnitt ist der menschliche Körper als Berg dargestellt.

Ein französisches Bild aus dem 15. Jhd. zeigt den Menschen als Mikrokosmos des Himmels. Jedes Zeichen des Tierkreises entspricht einer Körperregion.

und andere Teile seines Körpers bildeten die fünf heiligen Berge.

Auch der Symbolismus des Herzens trägt Züge dieses „elementaren" Denkens. In den *Weden*, den heiligen Texten Indiens, ist das Herz ein System von Symbolen: Es ist die „Lotusblume", ein kleiner Ort, der den Himmel, die Erde, Sonne, Mond und Sterne enthält. Im Taoismus befindet sich das Herz zwischen Himmel (Kopf) und Erde (Bauch), und seine Verwandlung in eine Kammer des Feuers macht seinen Besitzer unsterblich. Eine zentrale Idee in der chinesischen Überlieferung ist die fünffache Teilung des Universums in die taoistischen Elemente: Wasser, Feuer, Holz, Metall und Erde. Ein ähnliches System entstand später in Indien, wo die Elemente Akascha (Äther), Apas (Wasser), Wayu (Luft), Tejas (Feuer) und Prithi (Erde) als „kosmische Schwingungszustände" betrachtet wurden.

DIE ELEMENTE UND DIE TEMPERAMENTE

Im menschlichen Körper werden die Elemente traditionell durch die vier Flüssigkeiten oder Temperamente repräsentiert: Melancholiker – schwarze Galle (Erde), Sanguiniker – Blut (Luft), Choleriker – gelbe Galle (Feuer), Phlegmatiker – Schleim (Wasser). Jedem Element wurden verschiedene körperliche und geistige Eigenschaften zugeschrieben, und das Vorherrschen des einen oder anderen bestimmte den Charakter der Person oder Sache. Generell standen Erde und Wasser für das weibliche, Feuer und Luft für das männliche Prinzip. Erde repräsentierte auch Festigkeit und die Verkörperung kosmischer Kräfte.

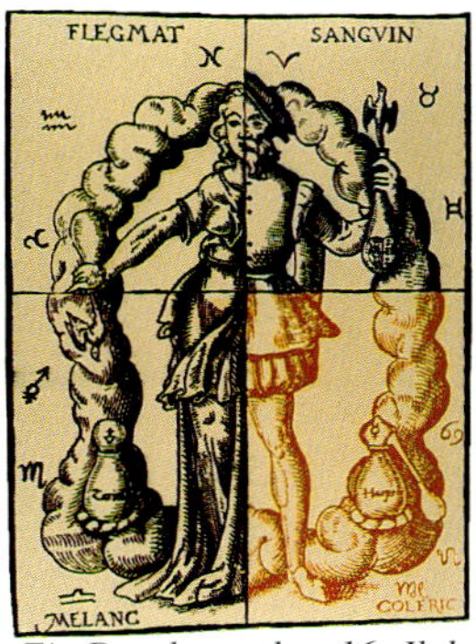

Ein Druck aus dem 16. Jhd. zeigt den Bezug der Elemente zu den Temperamenten.

In der westlichen Alchemie waren die vier Elemente von einer reineren fünften Essenz umgeben, der Quintessenz, von der Aristoteles glaubte, daß sie sich deutlich von den anderen unterscheide. Es bestehen Analogien zu *prana,* der östlichen Vorstellung eines energetischen, ätherischen Geistes.

In der Alchemie wurden häufig Tiersymbole verwendet: der Adler (Luft), der Phönix (Feuer) oder der Delphin (Wasser). Löwe und Schlange sind beides Symbole roher, unbearbeiteter Materie: Manchmal wird der Löwe die Sonne verschlingend (das männliche Prinzip) dargestellt.

Gaia kehrt zurück

Es wird heute häufig behauptet, daß die Unterdrückung der „weiblichen“ Werte der Natur, Mitgefühl und Intuition, eine tiefgreifende und gefährliche Entfernung von der natürlichen Welt mit sich gebracht hat. Diese Tendenz läßt sich gut an Hand der Geschichte der Wissenschaft und besonders gut an Hand der Entwicklung des mechanistischen Weltbildes verfolgen. Der Einfluß der wissenschaftlichen Revolution ist immer noch beherrschend. In der zweiten Hälfte des 20. Jhds. fand wieder eine ganzheitliche Annäherung an die Natur statt, die die Erde als einen sich entwickelnden Organismus begreift, deren Teile miteinander in einer komplexen Balance stehen.

Dem italienischen Dichter Boccaccio (1313–1375) zufolge ignorierte die hier abgebildete Gaia Cyrilla ihre edle Herkunft und begann zu weben. Wie ihre Namensschwester, die griechische Göttin, verkörpert sie Qualitäten, die im Westen lange als weiblich galten.

In den 70er Jahren griff der britische Biochemiker James E. Lovelock die Gaia-Hypothese (benannt nach der griechischen Erdgöttin) wieder auf, derzufolge die Erde ein selbstregulierender, lebender Organismus ist, der auf Bedrohungen so reagiert, daß er die Chancen für das eigene Überleben vergrößert. Lovelock publizierte seine Theorie 1979 in einem sehr einflußreichen Buch: *Gaia: A New Look at Life on Earth.* Er argumentierte, daß lebende Dinge und ihre Umgebung sich in ergänzender Weise entwickeln, um so ein zartes, ausbalanciertes System zu bilden. Die Balance zwischen atmosphärischem Kohlenstoffdioxid und Sauerstoff, von lebenden Organismen aufrechterhalten, schafft die Bedingungen, in denen Lebensformen gedeihen können. Lovelock erklärte, wie die Salzkonzentration der Weltmeere konstant bei ungefähr 3,5 Prozent geblieben ist, seit sich die Ozeane entwickelten: Es wird immer nur soviel Salz hinzugefügt, wie verlorengeht (etwa durch das Austrocknen von Lagunen), und nur dieses konstante Gleichgewicht macht maritimes Leben möglich.

Ein Verständnis dieser riesigen Maschinerie macht uns sowohl bewußt, wie unbedeutend der Mensch in planetarischer Hinsicht ist und wie hoch der Preis sein wird, den wir zu zahlen haben, wenn wir unsere Macht mißbrauchen, um unsere Umwelt zu verändern.

Mit Lovelock gesprochen, hat Gaia zwei Aspekte: einen gütigen, milden und einen groben, rauhen. Sie macht die Welt bequem für die, welche die Regeln befolgen, bestraft aber Missetäter unbarmherzig. Die Vorstellung, daß das Überleben der Menschheit von einem Organismus abhängt, der größer ist als unser eigener und der unsere Spezies opfern würde, um selbst zu überleben, wurde zu einem zentralen Programmpunkt der Grünen Bewegung.

Viele Menschen sehen eine enge Verwandtschaft zwischen der Gaia-Hypothese und der Art, wie Stammeskulturen die Erde und ihre Beziehung zu ihr betrachten. Wie es der amerikanische Indianerhäuptling Seattle im 19. Jhd. ausdrückte: „Die Erde gehört nicht dem Menschen, der Mensch gehört der Erde. ... Nicht der Mensch webt das Netz des Lebens, er ist vielmehr nur ein Faden darin, und was immer er dem Netz zufügt, fügt er sich selbst zu."

DAS NEW AGE DER GAIA

Die Anhänger der New-Age-Bewegung vertreten ein holistisches (ganzheitliches) Weltbild, das den Hypothesen der Gaia entstammt. Sie glauben, daß alles Lebendige miteinander in Beziehung steht und die Entwicklung für die Menschheit nur durch eine ausbalancierte Koexistenz mit der Umwelt möglich ist. Viele Vertreter dieser Idee betrachten die nordamerikanischen Ureinwohner als leuchtendes Beispiel für die Verbindung zwischen Erde und Mensch. Diese romantisierende Haltung führte bei einigen Menschen aus dem industrialisierten Westen dazu, indianische Rituale als Vehikel zu benutzen, um Gaia, der natürlichen Welt, näher zu kommen. Andere New-Age-Befürworter hängen der Hypothese an, die von Otter Zell in Kalifornien entwickelt wurde. Nach Zell ist Gaia der Archetypus der Muttergottheit. Diese Erkenntnis erlangte Zell durch eine Vision, in der die Erde ein riesiger lebender Organismus war, der sich aus einer Urzelle entwickelt hatte.

Ein Sonnentanzritual der Sioux, gemalt 1912 von Short Bull.

Eine steigende Zahl von Menschen der westlichen Welt wendet sich – vom Materialismus desillusioniert – Indianerkulturen zu, um zur Natur zurückzufinden.

Spirituelle Wege und Landschaften

Die Vergangenheit der Erde, ob von Wissenschaftlern oder von Schamanen erzählt, ist immer die Geschichte heftiger Veränderungen, die ihre Spuren auf der Oberfläche des Planeten hinterlassen haben.

Viele Kulturen haben geglaubt, daß in ferner Vergangenheit übernatürliche Wesen die Welt durchstreiften und sie dabei veränderten. Diese Wesen formten Seen, Berge, Felsen und Meere, entweder absichtlich oder unwissentlich, und es heißt, daß ihre Wohn- und Ruheplätze noch heute zu sehen sind.

Angebliche Spuren mythischer menschlicher Vorfahren und Heroen finden einen ähnlichen Widerhall, und ihr Symbolismus kann für den Begriff kultureller oder nationaler Identität von großer Bedeutung sein.

Für Gesellschaften mit einem ausgeprägten Sinn für das Heilige kann kein Gebiet in der Hauptsache geophysikalisch sein, sondern ist immer lebendig und beseelt. Das folgende Kapitel untersucht in einer Reihe von Kulturen zahlreiche Manifestationen dieser heiligen Lebenskraft in der Landschaft um uns herum.

Die Bildung der Landschaftsformen wie dieser beeindruckend geformte Schacht in der Wüste Arizonas wurde in vielen Kulturen den Handlungen übernatürlicher Wesen zugeschrieben. Selbst in Europa, wo Landschaftsmythen nicht den Hauptstrang der Tradition bilden, weisen viele Ortsnamen auf die Verbindung markanter geologischer Formationen mit mythischen Figuren wie König Artur und Finn Mac Cumhaill hin.

Mentale Landkarten

Die Betrachtungsweise einer Landschaft ist bestimmt von individueller Erfahrung, kulturellem Hintergrund und spiritueller Weltanschauung. In frühen jüdischen und christlichen Traditionen basierten die Weltanschauungen auf den hebräischen Schriften. Eine Zeichnung aus dem 6. Jhd. n. Chr. stellt die Erde als rechteckigen Kasten, den Tabernakel Moses', dar: Innerhalb des Kastens war ein Berg, die Erde, umgeben von einem Ozean, und der Deckel des Kastens war der Himmel. Andere mittelalterliche Landkarten zeigen die heilige Stadt Jerusalem, das spirituelle und physikalische Zentrum der Welt. Kosmologische Brennpunkte spiegeln den Sinn für kulturelle Identität wider. Das Inka-Reich wurde als eine Serie von Linien gesehen, die strahlenförmig von der Hauptstadt Cuzco ausgingen und von heiligen Bauwerken gesäumt wurden. Ebenso repräsentierte Delphi den heiligen Mittelpunkt des griechischen Kosmos. Es war der Nabel der Erde, die für den Körper der Göttin Gaia angesehen wurde. Im Westen wurde bis ins 17. Jhd. die Erde als Zentrum der göttlichen Schöpfung betrachtet.

Geometrische Gärten spiegeln eine perfekt geordnete Natur wider, die sich in den alten persischen Gärten, pairidaeza *(umfriedeter Garten), findet – Ursprung des Wortes Paradies.*

Nahalal, eine moderne israelische Siedlung. Urbane Grundrisse befriedigen oft den tiefen Wunsch nach Symmetrie.

So wie die Gestalt und Lage der Erde selbst auf sehr unterschiedliche Weise betrachtet wurden, kann auch eine individuelle Umgebung in verschieden hohem Maße mit spiritueller Bedeutung beladen werden, um etwas zu schaffen, das man mit dem Begriff geheimnisvolle Landschaft belegen kann. In vielen Kulturen können die Merkmale eines Landstriches bedeutsame Elemente in einer heiligen Sammlung spirituellen Wissens und überlieferter Weisheit sein, die häufig entscheidend zum Überleben beiträgt. Z.B. jagten die Pawnee des nordamerikanischen Flachlandes einst in einem Gebiet, das durch fünf heilige Plätze gekennzeichnet war, an denen das Jagdwild sich versammeln sollte. Solange die Pawnee-Jäger innerhalb dieses, von heiligen Plätzen markierten Gebietes jagten und dort Opfer darbrachten, hielten sie die enge spirituelle

Beziehung zu den Geschöpfen, von deren Fleisch und Fellen sie abhängig waren, aufrecht.

Englische Landkarte Virginias (1585). Europäische Kartographen belegten die heiligen Landstriche der Indianer oft mit Begriffen ihrer eigenen Vorstellungswelt. Westliche Kartographie ist demnach weitgehend von der eigenen Weltsicht geprägt.

Die Maori Neuseelands gehören zu den zahlreichen Völkern, für die bestimmte Teile einer Landschaft – Fischgründe, Felsen, Bäume, Flüsse und Höhlen – Plätze sind, die ihre Ahnen besuchten und benannten. Diese natürlichen Landschaftsformen überliefern ihr Wissen und ihre Geschichte an jeden Maori, der an ihnen vorbeikommt. Ähnlich betrachten die australischen Ureinwohner und die Völker Papua-Neuguineas die Landschaft.

Viele der mündlichen Überlieferungen transportieren gleichzeitig heilige und praktische Ideen und Vorstellungen. Z. B. muß ein Knabe bei den Nunamiut Alaskas seine lokale Umgebung zunächst sehr genau kennen, bevor er seinen Platz bei der Jagd einnehmen kann. Diese topographischen Informationen werden ihm durch Mythen von Geistern, Trickstern und Helden, die einst die Jagdgründe bevölkert haben sollen, überliefert. Durch dieses mythische Drama baut er ein symbolisches Bild seiner Umgebung auf, das ihn leitet, wenn er selbst auf die Jagd geht.

Dieser Zen-Garten spiegelt den inneren Frieden wider, den der Zen-Buddhismus anstrebt.

TROPHÄENPLÄTZE

Das Volk der Wopkaimin in Zentralneuguinea stellt die Knochen und andere Trophäen des Jagdwildes an den Wänden ihrer Häuser aus, und zwar in einer Art, die die Position der Tiere sowohl in ihrer natürlichen wie auch in ihrer sozialen Umgebung festhält. Im Zentrum dieser „Landkarte“ befinden sich alte Relikte und die Unterkiefer geopferter Schweine aus dem dörflichen Gebiet. Die wichtigsten Objekte, die Relikte, sind in Augenhöhe plaziert, die Schweineknochen direkt darunter. Wildschweinknochen aus dem unteren Bereich des Regenwaldes werden im unteren Bereich plaziert. Beuteltiere leben im oberen Bereich des Regenwaldes, und ihre Knochen befinden sich demzufolge im oberen Teil der Ausstellung, und die Knochen von Vögeln, die in beiden Zonen leben, finden sich im oberen und im unteren Teil.

Diese Anordnung bildet eine Art symbolische Landkarte der Landschaft, in der die Wopkaimin leben und jagen. Durch das Studium dieser Anordnung gewinnen die Wopkaimin einen Eindruck ihrer Umgebung, was ihnen bei der Planung ihrer Jagdzüge hilft.

Gesangslinien

Dem überlieferten Glauben der australischen Aborigines zufolge begannen alle Dinge mit dem Träumen (auch als Traumzeit oder Schöpfungsperiode bezeichnet), einer Epoche, in der Geistwesen die Erde bevölkerten. Diese Geister, von denen es heißt, daß sie die Form von Menschen, Tieren, Pflanzen und unbelebten Objekten annahmen, konnten ihre Gestalt ändern, und ihre Existenz offenbart sich durch Zeichen, die in der Landschaft zurückblieben.

Die Aborigines glauben, daß die Traumgeister während ihrer Wanderungen über die Erde Tiere, Felsen, Bäume, Wasserlöcher und andere Naturmerkmale erschufen und benannten. Sie brachten auch die Geister ungeborener Kinder mit und legten die Form menschlicher Gesellschaften fest. Die Routen dieser geistigen Ahnen heißen Traumpfade oder „Gesangslinien“. An jedem Ort sollen die Geister entweder spirituelle Kräfte oder physikalische Reste, etwa Fuß- und Körperabdrücke oder Kot, hinterlassen haben. So betrachten die Yarralin im Tal des Victoria River im nördlichen Territorium den Geist Walujapi als Traumvorfahren der Schwarzkopfpython. Walujapi hinterließ eine schlangenartige Spur entlang einer Klippe und den Abdruck ihres Gesäßes. Beides ist heute noch zu sehen.

Nahe Alice Springs erklärt ein Ältester der Aranda die heiligen, aus der Traumzeit stammenden Yippirringa-Felsbilder.

Bildnis eines Urwesens der Traumzeit, Blitzmann genannt, auf dem Obiri Rock nahe Katherine im nördlichen Territorium.

Die australische Landschaft ist durchzogen von solchen Gesangslinien, von denen manche nur wenige Kilometer lang sind, während andere sich über Hunderte von Kilometern erstrecken, durch verschiedenste Landschaftstypen führen, durch das Gebiet vieler unterschiedlicher Volksgruppen, die unterschiedliche Sprachen sprechen und unterschiedlichen Traditionen angehören. So heißt es etwa, daß die Katzentraumahnen ihre Reise am Meer begannen, nach Norden, in die Simpson-Wüste zogen und dabei die Gebiete der Aranda, Unmatjera, Kaitija, Ilpara, Ngalia und

Kukatja durchquerten. Jede dieser Volksgruppen erzählt den Teil des Mythos, der von Ereignissen berichtet, die sich in ihrem Gebiet abspielten.

Bei den Yarralin erzählt der Taubentraum, wie zwei Tauben, Bruder und Schwester, dem Victoria River vom Rand der Wüste zur Küstenregion folgten. Im ersten Abschnitt ihrer Reise sprachen sie die Sprache der Gurindji und dann jeweils die Sprache jener Menschen, deren Gebiet sie überquerten. Diese Gesangslinie stellt eine Art Gemeinsamkeit zwischen den kulturell häufig sehr unterschiedlichen Aborigine-Gruppen her.

Am Ende des Träumens werden die Geistwesen entweder zu den Spezies, die sie repräsentierten, oder kehren in die Erde zurück. Die Landschaft bleibt, wie sie sie geschaffen haben, und ihre Wohnstätten und die Plätze bedeutender Ereignisse der Traumzeit betrachtet man als Quellen großer Kraft. Die Ureinwohner glauben, daß der spirituelle Same jedes Individuums von einem bestimmten, von den Wesen der Traumzeit geschaffenen Ort stammt, und somit ist die Identität jeder Person eng an die Landschaft geknüpft.

DER LEBENDIGE TRAUM

Als das Träumen endete, waren alle Dinge festgelegt – die Gestalt der Landschaft und das Leben in ihr, die Organisation der Gesellschaften und die Vorherrschaft über das Land. Das Träumen spielt jedoch nach wie vor eine wichtige Rolle im Leben der australischen Ureinwohner. Die heiligen Männer der Aborigines, bekannt als *karadjis* oder „Männer von hoher Würde", tragen manchmal Federn an ihren Knöcheln, um zu symbolisieren, daß sie zu den Reichen der Geister fliegen können, und sie sind die einzigen, die neue Tänze, Lieder und Geschichten über das Träumen erfinden dürfen.

Kürzlich wurde ein Anthropologe, der die Pintupi studierte, Zeuge, wie eine Gruppe von Männern einen ungewöhnlich mehrfarbigen Felsen am Ufer eines Baches entdeckte. Die Älteren wurden gerufen, um diesen Fund zu deuten. Einer von ihnen erklärte, daß der Felsen mit dem Känguruhtraum in Verbindung stehe, in dem zwei Helden einige Kilometer vom Bach entfernt ein Känguruh aufspießten. Die Älteren stimmten darin überein, daß das Känguruh sich den Bach entlanggeschleppt haben mußte, die Helden fingen es jedoch ein und weideten es an dieser Stelle aus. Demzufolge stellte der Felsen die Eingeweide des Känguruhs dar.

Toby, ein Ältester, feiert die Taten seiner heiligen Ahnen der Traumzeit, indem er in Uluru (Ayers Rock) eine symbolische Gesangslinie in den Sand zeichnet, um seine Erzählung zu unterstützen.

Heilige Reisen

Gott übergab Moses und den Israeliten auf dem Berg Sinai das Gesetz, gezeichnet von John Martin (1789–1854). Der Exodus steht für die Reise eines Volkes aus der Knechtschaft zu spiritueller Rettung im Gelobten Land.

Die Bewegungen der Völker über die Erde nehmen einen bedeutenden Platz in der Geschichte der menschlichen Rasse ein, und es ist nicht überraschend, daß große Wanderungen, Forschungsreisen und Eroberungen häufig in Mythen und Legenden erwähnt werden. Solche Reisen, von denen viele ihre Wurzeln vermutlich in tatsächlichen Wanderbewegungen in der fernen Vergangenheit haben, mögen dazu dienen, die Besitznahme eines Landes durch ein Volk zu erklären und zu rechtfertigen, das immer noch das Gefühl hat, ursprünglich fremd zu sein. Völkerwanderungen sollen oft auf Veranlassung eines göttlichen oder übernatürlichen Wesens ausgelöst worden sein, welches das Volk führte und unterstützte und ihm den Ort anwies, wo es sich niederlassen sollte. Dies ist der Fall in der Geschichte des Exodus in den hebräischen Schriften: Moses führte die Israeliten aus der Knechtschaft in ein Land, das ihnen ausdrücklich von Jahwe als Heimatland versprochen worden war.

Der Exodus repräsentierte einen Prozeß gemeinschaftlicher geistiger Erneuerung, der das moralische und religiöse Fundament einer seßhaften Gesellschaft bildet. Dasselbe kann von der aztekischen Wanderungsgeschichte gesagt werden, die in einer Vielzahl von Bildern und Texten aus dem 16. Jhd. wiedergegeben wird. Vielleicht basierend auf einer historischen Wanderung der Azteken vom Nordwesten Mexikos zwischen ca. 1150–1350 n. Chr., berichtet die Geschichte von der Reise der Mexica von der Insel Aztlan zum Sitz ihrer späteren Hauptstadt Tenochtitlan, im Tal von Mexiko.

Die Mexica wurden von ihrem Hauptgott Huitzilopochtli geführt. An dem ersten Platz, an dem sie ihre Reise unterbrachen, erbauten sie einen Tempel zu seinen Ehren und empfingen seine Instruktionen. Während ihrer näch-

REISEN DER HOPI

Dem Ursprungsmythos der Hopi Arizonas zufolge mußten deren Vorfahren zunächst durch drei untere Welten emporsteigen, um in diese, die vierte Welt zu gelangen. Als sie erschienen, erklärten ihnen ihre Schutzgeister, daß sie zu den vier Weltenden gehen müßten, bevor sie sich im Zentrum, ihrem Heimatland, niederlassen könnten. Die vier Clans durchwanderten das Gebiet, das heute Nord- und Südamerika ist, und bis heute findet man Monumente und Ruinen, die diese Reise markierten. Als Mitglieder des Schlangenclans in der Großen Ebene Nordamerikas haltmachten, entschlossen sie sich, hier ein Zeichen zu hinterlassen. Da es aber keine Felsen gab, auf denen sie ihr Clansymbol einritzen konnten, bauten sie einen großen irdenen Hügel in Form einer Schlange. Noch heute glauben einige Hopi, daß der große Schlangenhügel in Ohio (S. 110–111) der legendäre Hügel des Schlangenclans ist.

Hopi-Tänze zu Ehren der mythischen Reisen der Ahnen.

sten Pause, am Geburtsort des Gottes, wurden sie gelehrt, wie man eine heilige Feuerzeremonie durchführt, und im Verlauf der Reise erwarben die Mexica immer mehr Wissen über heilige Rituale und andere kulturelle Charakteristika, die sie von anderen Völkern unterschieden. Auch änderten sie ihren Namen von Mexica zu Aztek („Volk von Aztlan"), was betonte, in welchem Umfang diese Wanderung ein Neubeginn war.

Die heiligen Wanderungen müssen aber nicht unbedingt vom Volk selbst durchgeführt werden. Der Midewiwin oder Großen Medizingesellschaft zufolge, einer schamanischen Organisation der Ojibwa, die um den Lake Superior in Nordamerika herum leben, brachte ein Geisterbär ihnen ihre Heilungsriten, um ihnen Gesundheit und langes Leben zu garantieren. Der Erdgeist und der große Geist des Himmels befahlen dem Bären, die heiligen Objekte, die für die Riten benötigt wurden, durch verschiedene Schichten der Erde an die Oberfläche des Wassers (Lake Superior) zu bringen und von dort aus durch die Seen und Flüsse des Gebietes der Ojibwa zum Leech Lake in Minnesota. Der heilige Weg, den der Bär vom Lake Superior zum Leech Lake zurücklegte, ist auf Landkarten aus Birkenrinde verzeichnet, die von Midewiwin-Schamanen während des Heilungsrituals benutzt werden, um die Erzählung von der heiligen Reise zu illustrieren.

Die christlichen Kreuzzüge waren durch den Glauben motiviert, daß es nicht nur gerecht, sondern auch gottgefällig war, den Krieg in einem fernen Land zu führen.

Wanderungen der Helden

Die Wanderungen von Helden durch unbekanntes Gebiet sind weltweit in einer großen Anzahl von Mythen und Legenden enthalten – vom japanischen Epos der Helden Jimmu-tenno und Yamato-takeru bis zu den griechisch-römischen Geschichten von Odysseus, Jason und Äneas. Es ist meist die Reise eines einzelnen (oft königlichen Geschlechts und begleitet von einer Gruppe von Gefolgsleuten), der aus seiner familiären Umgebung in die Welt zieht, um große Taten zu vollbringen und viele Schwierigkeiten zu meistern, bevor er (oder, weniger oft, sie) umjubelt nach Hause zurückkehrt. Homers Epos z.B., die *Odyssee* (ca. 750 v. Chr.), erzählt von der Reise des Königs und Helden Odysseus vom trojanischen Krieg zurück in seine Heimat Ithaka. Auf seiner zehnjährigen Wanderschaft kommt er in viele sagenumwobene Länder und trifft auf zahlreiche Monster. Seine Kameraden kommen dabei alle um.

Eine syrisch-hethitische Stele des 9. Jhds. v. Chr. illustriert die Taten des Helden Gilgamesch, der sich zur Suche nach dem Geheimnis der Unsterblichkeit einschifft.

Diese Heldenreisen wurden als Metapher für den Prozeß der individuellen geistigen Entwicklung interpretiert, und die verschiedenen Landschaften, die die Heldenfigur durchquert, stehen für verschiedene Aspekte der menschlichen Psyche. Die Symbolik wird deutlicher, wenn eine Reise die Form einer Suche annimmt. Das Objekt der Suche ist immer etwas besonders Wertvolles und steht meist für das Ziel nach Erleuchtung oder Selbsterkenntnis. Im Westen ist das berühmteste Beispiel dafür die Suche nach dem Heiligen Gral (siehe gegenüber unten).

Der Irrgarten oder das Labyrinth, durch das ein Held (oder eine Heldin) sich manchmal seinen Weg bahnen muß (z.B. im griechischen Mythos des Helden Theseus), ist ein hochkomplexes Symbol, von dem es heißt, daß es für den Übergang vom Profanen zum Heiligen steht, für eine Reise durch die Prüfungen des Lebens zum Zentrum der Erleuchtung. Um Erleuchtung zu erlangen, muß man vielleicht die dun-

Im Frühchristentum betrachtete man den Weg in ein Labyrinth als Pfad der Ignoranz, der in die Hölle führt, aus dem Christus den Weg hinaus weist. In einigen Gesellschaften wurden Labyrinthe als eine Form von Magie an Häuser gezeichnet, um so böse Geister zu verwirren und sie daran zu hindern, das Haus zu betreten. Gräber und Grabhügel in Form eines Labyrinthes sollten nicht nur die Toten schützen, sondern auch ihre Geister davon abhalten, die Lebenden zu stören.

kle Seite in sich selbst überwinden, repräsentiert durch ein Monster, das im Innern des Labyrinthes lauern mag (der Minotaurus, von Theseus erschlagen). Wenn das Ziel erreicht ist, ist es leicht, aus dem Labyrinth herauszufinden: Theseus folgte dem goldenen Faden, den ihm Prinzessin Ariadne gegeben hatte.

Eine häufig wiederkehrende Figur in irischen Mythen ist der Held, der in die Anderwelt reist, einem ambivalenten Ort von Gefahr und Freude, deren Bewohner weder Alter noch Tod kennen. Einem dieser Helden, Mael Dúin, begegneten Ameisen, so groß wie Fohlen, pferdeartige Dämonen und ein magisches silbernes Netz, von dem er einen Teil mit sich nimmt.

Die Artusritter (ca. 1450).

DER HEILIGE GRAL

Die Suche nach dem Heiligen Gral war eines der weitestverbreiteten Themen der epischen Literatur im mittelalterlichen Europa: Versionen der Geschichte erzählte man sich in nahezu allen Ländern West- und Nordeuropas. Verwurzelt in keltischen Mythen und den Mysterien des frühen Christentums untersucht die Gralslegende das Thema der spirituellen Transformation. Der Gral selbst hatte den Ruf, ewiges Leben zu verleihen. Einer Legende zufolge handelte es sich dabei um das Gefäß, das Christus beim letzten Abendmahl verwendete, und um den Becher, in dem Joseph von Arimathäa während der Kreuzigung etwas vom Blut Christi auffing. Joseph soll den Gral dann in das sagenhafte Land Avalon, das manchmal mit Glastonbury in Somerset identifiziert wird, gebracht haben. Einer französischen Quelle aus dem 13. Jhd. zufolge war die Gralssuche eine spirituelle Suche, die von vielen der legendären Ritter des König Artus unternommen worden war. Drei Ritter, Galahad, Parsifal und Bors, fanden den Gral in einer geheimnisvollen Stadt jenseits des Ozeans. Nur Galahad blickte in das Gefäß und starb an der Ekstase seiner Vision.

Heute benutzen verschiedene esoterische Bewegungen den Gral zur Meditation und um spirituelle Perfektion zu erreichen, ähnlich wie mit dem Stein des Weisen (S. 69).

Pilgerfahrten

Pilger auf dem Croagh Patrick-Pilgerzug in Irland erklimmen die felsigen Hänge barfuß. Solch eine Prüfung erinnert an den Weg Christi auf den Kalvarienberg.

In vielen Überlieferungen erscheinen Reisen mit einem bestimmten Ziel als Metapher für den Prozeß inneren spirituellen Wachstums und der Aneignung von Wissen. Am deutlichsten zeigt sich dies bei den Wallfahrten, bei denen die physische und die spirituelle Reise gleichzeitig geschehen. Die Massen von Menschen, die mühsam die Hänge des Fudschijama in Japan erklimmen oder sich auf Knien über die Stufen zu christlichen Heiligtümern hinaufquälen, gehen alle denselben Weg spirituellen Fortschritts. Sie hoffen, durch ihr Tun zu einem vollkommeneren Selbst und einer engeren Beziehung zum Göttlichen zu gelangen. Der Pilger verläßt den Schutz von Heim und Familie, um zu einem Ort zu reisen, wo er oder sie auf etwas anderes trifft, vielleicht in dem Glauben, daß dieser Fortschritt zu körperlicher und geistig-seelischer Gesundheit führt oder zu göttlicher Hilfe bei persönlichen Problemen oder Zwangslagen. Im alten Griechenland reisten die Leute Hunderte von Kilometer, um beim Orakel von Delphi Rat zu suchen oder im Heiligtum des Äskulap in Epidaurus Heilung zu finden. Viele christliche Wallfahrtsorte und Pilgerstätten werden einfach der Verehrung, der Danksagung oder der Buße wegen aufgesucht.

Pilger hinterlassen auf diesem peruanischen Friedhof inmitten eines Waldes von Kreuzen Huldigungen.

Für einige steigt der spirituelle Wert einer Pilgerfahrt mit dem Schwierigkeitsgrad der Reise, wie 1994 ein *Sadhu* (hinduistischer Asket) demonstrierte, der sich bei seiner Pilgerung zu einem Heiligtum der Göttin Dewi 360 Kilometer durch Indien rollte, die letzten 30 Kilometer davon bergauf. Viele dieser Traditionen enthalten Elemente der Weltverneinung, wie es z.B. in zwei Werken der christlichen Literatur ganz deutlich wird: Bei dem einen handelt es sich um das *Purgatorio* von Dante

DER ADAMSGIPFEL

Ein Berg im Südwesten Sri Lankas (rechts), von den Singhalesen Samanhela genannt, war für Jahrhunderte wegen seiner dramatischen Form und eines seltsamen Abdruckes im felsigen Gestein seines Gipfels Gegenstand großer Verehrung. Dieses natürliche, etwa 1,8 Meter lange Loch wurde von Buddhisten, Moslems, Taoisten und Christen als riesiger Fußabdruck interpretiert. In buddhistischen Schriften um 300 v. Chr. wird es als Fußabdruck Buddhas beschrieben. Chinesische Schreiben bezeichneten es als Zeichen eines Gottes oder ihres ersten Vorfahren. In moslemischen Legenden ist es der Fußabdruck, den Adam nach seiner Vertreibung aus dem Paradies hinterließ. Als die Portugiesen im 16. Jhd. auf die Insel kamen, sahen sie das Loch für den Fußabdruck des Hl. Thomas an.

Um den Gipfel zu erreichen, mußte der Pilger steile Schluchten über in den Fels gehauene Stufen durchqueren und eine am Fels befestigte Leiter hinaufklettern.

Einer Legende zufolge wurden die an der südwestlichen Seite des Berges befestigten Ketten von Alexander dem Großen angebracht.

Nach den Gebeten läutet jeder Pilger eine alte Glocke und nimmt Wasser aus einer Quelle, um das Ritual zu beenden.

(1265–1321), bei dem anderen um *Eines Christen Reise nach der seligen Ewigkeit* von John Bunyan (1628–1688). Im erstgenannten wird der Dichter von Beatrice, seiner Angebeteten, durch das Fegefeuer geleitet, was ihn zur christlichen Idee führt, daß das Leben selbst eine Pilgerfahrt ist.

Diese weltentsagende Spiritualität hat zu Zeiten eine negative Weltsicht ermutigt, in der die Welt nur das Exil des Menschen ist, sein wahres Ziel aber der Himmel. Der Akzent einer Pilgerfahrt liegt wohl eher im Ziel als in der Reise selbst. Im Islam kommt dem Hadsch, der Wallfahrt nach Mekka in Saudi-Arabien, sehr große Bedeutung zu. Sie ist die fünfte der religiösen Pflichten, bekannt als die Fünf Säulen, die jeder Moslem zumindest einmal in seinem Leben erfüllen sollte, außer er ist körperlich dazu nicht in der Lage oder würde seine Familie damit in Not bringen.

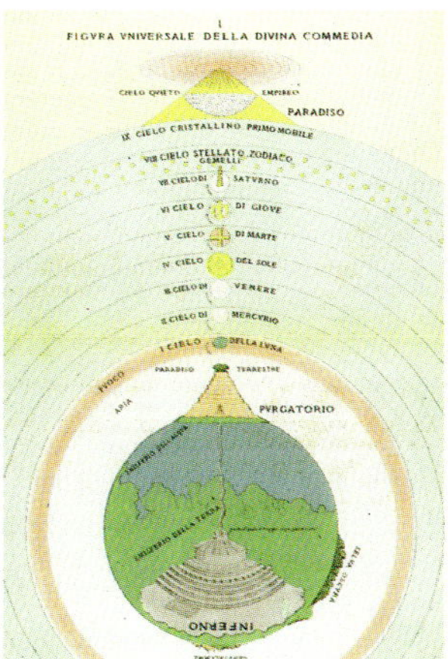

Seelen durchziehen die Ebenen von Himmel und Hölle in Dantes Göttlicher Komödie.

Die Idee der Pilgerfahrt ohne Ziel, also wenn die Reise selbst das Ziel ist, wurde in etwas desillusionierender Form ein wenig traurig von dem amerikanischen Poeten Walt Whitman ausgedrückt, der das „Universum selbst als Straße" sah, „als Straße, wie viele Straßen, für reisende Seelen".

Visionssuche

Ein Ältester der Cree verläßt die Schwitzhütte seiner Familie. Der Dampf, der von heißen, mit Wasser übergossenen Steinen stammt, soll spirituell reinigen und Visionen unterstützen.

Die „Visionssuche“ ist eine alte Praxis vieler Völker auf der ganzen Welt. Sie findet sich bei den nordamerikanischen Indianern ebenso wie bei den sibirischen Schamanen und den australischen Ureinwohnern. Eine persönliche Suche nach Selbsterkenntnis oder spiritueller Kraft bedeutet, sich bewußt bestimmten Prüfungen – Einsamkeit, Fasten, Beten – zu unterziehen, mit dem Ziel der Selbstreinigung und der Hoffnung auf Visionen, die den richtigen Weg im Leben anzeigen.

Hat man einmal den „Visionszustand“ erreicht, heißt es, daß das Individuum zu einem körperlosen Reisenden wird, der zum Himmel fliegen und Erde und Universum überblicken kann. Auf der Suche nach Wahrheit soll er oder sie über die Grenzen der bekannten Welt hinausreisen und mit übernatürlicher Kraft und Weisheit zurückkehren.

Bevor sie den Zustand der Ekstase erreichen, müssen visionär Reisende sich manchmal von ihrer Gruppe entfernen, um in der Einsamkeit einen geheimen Platz zu finden, wo sie sich auf ihre Vision vorbereiten können. Die Wahl des Ortes ist wichtig, da er einen leichten Zugang zur Welt der Geister ermöglichen soll. Bei den Algonkin-Völkern Nordamerikas sind oft hohe Klippen, Felsnischen oder ungewöhnliche Felsformationen bevorzugte, besonders mit spirituellen Kräften durchtränkte Plätze.

Die Visionssuche beginnt häufig mit der Pubertät, wenn ein Knabe, manchmal auch ein Mädchen, einen Älteren oder einen Medizinmann um Hilfe bei der Erlangung von Visionen bittet. Die Suchenden erhalten religiöse Unterweisungen und nehmen vielleicht an Ritualen in einer „Schwitzhütte" teil, einer mit Dampf gefüllten Hütte, in die man sich zur Reinigung und Heilung zurückzieht. Dann werden sie an einen entlegenen Ort geführt, wo sie auf ihre Vision warten müssen. Es kann dies eine Felsspalte sein, eine Hügelkuppe oder ein Nest aus Zweigen und Blättern in einem Baum. Einmal dort angelangt, muß der Initiierte einen oder mehrere Tage ohne Nahrung oder Schlaf verbringen, während ein Geist ihn beobachtet. Die Initiierten dürfen niemals Einzelheiten ihrer Träume preisgeben, sie können jedoch die Symbole ihrer Hilfsgeister übernehmen, etwa in der Gesichtsbemalung, und so stillschweigend ihre Helfer offenbaren.

Verwandlungsvision eines Künstlers während eines nordamerikanischen Schwitzhüttenrituals.

Eine Visionssuche kann ein ganzes Leben lang dauern. Das Volk der Komantschen z.B. glaubte, daß ein Krieger seine Visionssuche bis ins hohe Alter fortsetzen müßte. Wie als junger Mann, begibt er sich mit Umhang, Pfeife und Tabak auf einen heiligen Hügel, um dort zu rauchen und der Welt der Geister näher zu sein.

VISIONSSUCHE

Die Visionssuche oder „der Schrei nach Visionen" war ein heiliger Ritus, der den Oglala-Sioux (Lakota) der nordamerikanischen Prärie von einem übernatürlichen Wesen, der weißen Büffelkalbfrau, übermittelt worden sein soll. Der Suchende wird von seinem spirituellen Berater zu einem heiligen Hügel geführt. Der Berater hebt dort eine Grube aus, bedeckt sie mit Sträuchern und markiert die vier heiligen Richtungen durch dekorierte Pfähle. Der Suchende darf weder essen noch trinken und die Grube nur zur Zeit der Dämmerung verlassen, um den Morgenstern anzubeten. Während dieser Prüfung können übernatürliche Wesen zur Grube kommen und mit dem Suchenden sprechen, der auf diese Art seine Visionen erhält, die ihn in Zukunft leiten werden. Kommt ein Tier oder ein Vogel, kann er es töten und als Kriegsmedizin tragen. Träumt er von Blitz und Donner, muß er seinen Traum in einem Zeremoniell, genannt *heyoka kaga* oder „den Clown machen", darstellen. Von da an ist es seine Funktion, im Stamm alles verrückt oder umgekehrt zu machen.

Der Mond als eine Person am Himmel: *Der Medizinschild des Häuptlings Araposh vom Stamm der Crow zeigt einen Geist, den er während seiner Visionssuche traf.*

Land und Besitz

Völker mögen ein Territorium in Begriffen definieren, die die Grenzen der Erde selbst beschreiben (Ozeane, Meere, Seen, Gebirge und Flüsse) oder es innerhalb dieser natürlichen Grenzen genauer benennen, etwa nach der vorherrschenden Vegetation, der Fauna, dem Klima, den Boden- oder Gesteinsarten. Die Grenzen zwischen solchen Gebieten sind gewöhnlich unbestritten,

Ein Ältester der Pitjantjatjarra kontrolliert einen heiligen Platz in Australien.

definieren menschliche Gruppen ein Gebiet aber nach Niederlassungen und der Kultur, die darin entstanden sind, entstehen ab einem gewissen Punkt nahezu unvermeidlich Konflikte zwischen benachbarten Gruppen, was den genauen Verlauf der Grenzen betrifft. Die Entstehung von Nationalmythen ist Teil dieses Prozesses, um die Okkupation oder Ausdehnung eines Gruppengebietes zu rechtfertigen.

In vielen Gesellschaften war Landbesitz auf Gebiete beschränkt, die mit kleinen Familiengruppen oder Gemeinschaften in Verbindung gebracht wurden. Bei den Indianern an der Nordwestküste Kanadas z.B. hatten Familiengruppen traditionell einen Anspruch auf das Gebiet, das sie ausreichend mit Schalentieren, Fisch und anderer Nahrung versorgte. Im Gegensatz dazu sind die Rechte auf bestimmte Nahrungsquellen bei den australischen Aborigines wesentlich lockerer definiert, und das Clangebiet leitet sich eher von der Obhut über heilige Plätze und die mit ihnen in Zusammenhang stehenden Mythen, Lieder und Zeremonien ab.

Jüngste Auseinandersetzungen zwischen Ureinwohnern und dem modernen Staat wie die in Australien und Nordamerika zeigen, wie schwierig es ist, das westliche Konzept des Landes als Ware, die man besitzen und mit der man handeln kann, mit alten Stammesauffassungen in Einklang zu bringen. Die Aborigines z.B. glauben, daß das Land während der Traumzeit (Schöpfungsperiode) von mythologischen Wesen geschaffen wurde und daher eher ein spirituelles als ein geologisches Phänomen darstellt. Dem Menschen mag zwar die Obhut über bestimmte, mit der Traumzeit in Verbindung stehende Plätze anvertraut worden sein, aber die Idee, das Land zu „besitzen“, ist ihnen fremd: Das würde bedeuten, sich selbst über die heiligen Geister der Traumzeit zu stellen, die ja beides erschufen, das Land und den Menschen.

Gesellschaften haben oft ganz bewußt Embleme der natürlichen Welt als Ausdruck ihrer nationalen Souveränität benutzt. So nahm z.B. die Republik Slowenien ein stilisiertes Alpenpanorama als Ausdruck ihrer Unabhängigkeitsbestrebungen im Jahr 1991 an. Dieses Emblem deutete einerseits auf das Selbstverständnis der Slowenen als Bergvolk hin und half andererseits Außenstehenden, den neuen Staat zu lokalisieren. Anderswo wurden historische Ereignisse und Monumente von Nationen in Anspruch genommen, die kulturell, lokal oder zeitlich weit entfernt von dem Volk waren, auf die diese Ereignisse ursprünglich zurückgingen. Die ehemaligen afrikanischen Kolonien Dahomey, die Goldküste und der französische Sudan nahmen die Namen Benim, Ghana und Mali an, mächtige Reiche der präkolonialen Zeit, und Simbabwe ist der Name einer zerstörten mittelalterlichen Stadt. Die Übernahme solcher Namen drückte nicht nur den Stolz über die erreichte staatliche Unabhängigkeit aus, sondern verhalf auch dazu, ein Gefühl der nationalen Einheit zu vermitteln.

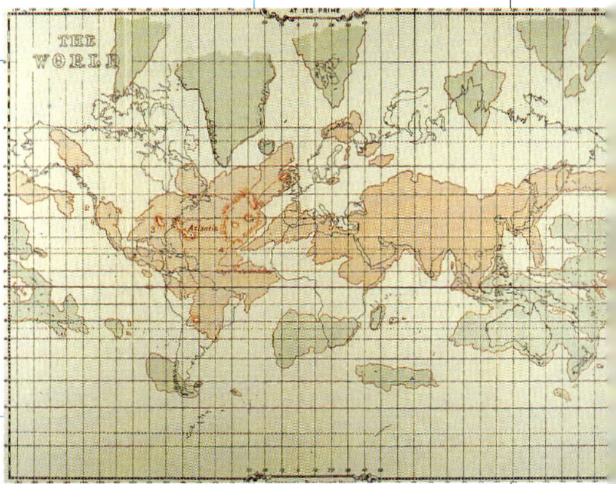

Diese Darstellung der ursprünglichen Welt stammt aus 1896. Zu dieser Zeit waren die Geographen vom Mythos von Atlantis, dem verschwundenen Kontinent, fasziniert.

LAND DER UREINWOHNER IN DEN USA

1787 bestimmte ein Erlaß der US-Regierung, daß das Land und der Besitz der Ureinwohner ihnen nicht ohne ihre Zustimmung genommen werden dürfe. 1830 präsentierte Präsident Andrew Jacksons jedoch den Indian Removal Akt, der alle Stämme östlich des Mississippi zwang, nach Westen zu ziehen. Die Cherokee aus Georgia kämpften vor dem Obersten Gerichtshof erfolgreich gegen diesen Erlaß, aber Jackson ignorierte diese Entscheidung, und die Cherokee wurden gewaltsam nach Oklahoma gebracht. Mehr als ein Viertel von ihnen starb auf diesem Weg.

Mit der Expansion der USA nahm der Verlust an Stammesbesitz ungeheure Ausmaße an. Nachdem das Stammesgebiet „legal" enteignet worden war, wurden deren Besitzer in Reservate, oft ungastliche Regionen, zu denen die Völker kaum historische und spirituelle Verbindungen hatten, gebracht. 1887 kontrollierten die amerikanischen Ureinwohner nur noch 138 Millionen Acre, 1934 waren es nur noch 48 Millionen, wovon die Hälfte Wüste oder Halbwüste war. Das Massaker an 200 Sioux bei Wounded Knee im Jahr 1890 beendete den bewaffneten Widerstand ein für allemal.

Kolumbus nimmt die Insel San Salvador in Besitz (1492). Die Eingeborenen sahen darin deutlich weniger Heroisches.

Drachen

Chinesische Drachen werden als Beschützer der Erde verehrt. Anders als der fünfklauige kaiserliche Drachen haben diese nur vier Klauen: In China steht die Zahl Vier für die Erde. Frühe chinesische Drachen hatten drei Klauen. Von ihnen leitet sich der japanische Drache Tatsu her, der ungestüme Geist der Natur, der durch seinen ständigen Kampf mit dem Tiger Unwetter verursacht.

Der Drache ist eines der mächtigsten Symbole der Urenergie, die als Quelle guter und böser Mächte gilt. Im Westen tendierte der Drachensymbolismus, hauptsächlich durch den Einfluß des Christentums, dazu, die negative Seite dieser Energie zu betonen, während er im Orient die positiven Kräfte repräsentiert und als Symbol der menschlichen Möglichkeit gilt, die Kräfte der vier Elemente zu verbinden. Dieser Unterschied spiegelt sich in der Art, wie jede Tradition den Drachen zur jeweiligen Landschaft in Beziehung setzt, wider. In der westlichen Mythologie steht er oft durch seine Rolle als Beschützer in Beziehung zu einem bestimmten Landstrich. Man betrachtet ihn als furchterregendes, feuerspeiendes Biest, das Schätze (spirituelles Wissen) oder eine Jungfrau (Symbol der Reinheit) bewacht, und häufig ist er eines der Hindernisse, die von Heiligen wie dem Hl. Michael oder dem Hl. Georg überwunden werden müssen. In China hieß es, daß die Urkraft des Drachen entlang bestimmter Energiepfade, sogenannter „Drachenlinien", durch die Landschaft lief. Diese Linien wurden als besonders günstige Orte betrachtet und von der kaiserlichen Familie als Begräbnisplätze benutzt. Aus dem Bemühen, herauszufinden, wie der Fluß dieser Energie, der positiven und der negativen, zur

Seidenstickerei eines Drachen, Emblem des chinesischen Kaisers, und eines Phönix, Emblem der Kaiserin.

TIERE UND ERDE

Der in den Traditionen des Westens gemachte Unterschied zwischen Mensch und Tier ist stark von der biblischen Betonung der Überlegenheit des Menschen geprägt. In vielen anderen Kulturen betrachtet man den Rhythmus tierischen und menschlichen Lebens als miteinander verflochten. Wenn ein Schamane in Gestalt eines Bären reist oder ein Aborigine sich schmückt und tanzt wie ein Emuvorfahre aus der Traumzeit, symbolisiert dieser Akt eher die lebendige Verbundenheit mit der Erde als ihre Beherrschung. Die Rolle der Tiere im und für das Leben der Erde wird in vielen Ursprungsmythen dargestellt. In den Indianermythologien war alles mit endlosen Wassern bedeckt, bis ein Tier (etwa eine Bisamratte) zum Grund des Meeres tauchte und mit Schlamm zurückkehrte, der das erste Land bildete.

Mischwesen stehen für versteckte Ängste.

Landschaft in Beziehung stand, entstand die hochentwickelte Praxis der Geomantie, die noch heute angewendet wird. Der chinesische Drache ist zwar wild, aber selten feindselig. Er steht für den Osten, die Sonne und Großzügigkeit des Landes. Der vierklauige Drache Mang repräsentiert temporale Macht. Der Drache Long hält eine feurige Perle in seinen Klauen, die für den Mond als Quelle der Fruchtbarkeit stehen kann, während Taoisten und Buddhisten in ihr die „Perle, die alle Wünsche gewährt“ (Weisheit und Erleuchtung) sehen. Als Symbole der dunklen Mächte der Erde sind Drachen und Schlangen eng verwandt und in Mythen oft nicht zu unterscheiden. Das Wort Drache stammt vom griechischen Wort *dracon*, das eine große Schlange bezeichnet.

In der Felskunst der nordamerikanischen Algonkin-Völker findet sich die Schlange oft in der Nähe von natürlichen Öffnungen und Spalten abgebildet, vielleicht wegen ihrer Funktion als Bote in die Unterwelt. In Algonkin-Mythen wird die dunkle Seite der Erdenergie durch den Wasserschlangengeist Mizhipichew dargestellt, der die Wasser der Seen mit seinem Schwanz aufwühlt und mit Tabakopfern besänftigt werden muß.

Drachentötende Helden erscheinen in vielen Mythologien. Diese persische Miniatur aus dem 15. Jhd. zeigt den Helden Rustem und sein Pferd Rakhsh.

Animismus

Einigen Philosophien zufolge (z.B. der westlichen Tradition Newtons) besteht die physikalische Welt aus unbelebter Materie. Viele Völker in anderen Teilen der Welt denken jedoch, daß jedes Ding auf Erden mit spiritueller Kraft gefüllt ist und daß jedes Objekt, selbst ein Stein oder ein Kochtopf, beides besitzt, eine materielle Gestalt und ein lebendiges Wesen.

In melanesischen und polynesischen Kulturen existiert das Konzept der *mana*, einer allen Dingen innewohnenden Kraft, von den Waffen über die Macht des Schamanen bis zu seiner rituellen Ausrüstung. Von Aristokraten heißt es, daß sie ein großes *mana* besitzen. Bis in die Moderne hinein war es bedeutenden Häuptlingen in Tahiti nicht erlaubt, während einer Reise den Boden zu berühren, da ihr *mana* so mächtig gewesen sein soll, daß jeder Flecken Erde, mit dem sie Kontakt hatten, zu einem heiligen Platz wurde.

Diese auf ein Haus in der Kalash-Region in Nordpakistan gemalten Symbole stehen für beschützende Tiergeister.

Eine tiefe Verehrung der Natur findet sich im Kern der japanischen Schinto-Religion. Kami, die göttlichen Geistwesen des Schintoismus, sind überall und bevölkern alle natürlichen Dinge, besonders jene von ungewöhnlicher Größe oder Gestalt, etwa Berge oder bestimmte Bäume. Sie haben tiefe schöpferische und harmonisierende Kräfte, die, da sie unsere Verstandeskräfte übersteigen, niemals vollkommen verstanden werden können.

Auch die nordamerikanischen Indianer haben einen ausgeprägten Sinn für die Heiligkeit der Schöpfung. Bei den Lakota (Sioux) verweist der Begriff *wakan* auf eine spirituelle Essenz, die in einer ganzen Reihe von Objekten, von Steinen und Bäumen bis zu Handelswaren, enthalten ist. So nannten sie z.B. ihre Feuerwaffen einst *mazawakan*, „heiliges Eisen". Wenn bei den Mi'Kmaq in Nova Scotia jemand einen ungewöhnlichen Stein oder ein anderes merkwürdiges Objekt findet, wird es manchmal als *keskamsit* bezeichnet, etwas, das magisches Glück enthält, gestiftet vom Schöpfergeist Kisurgub.

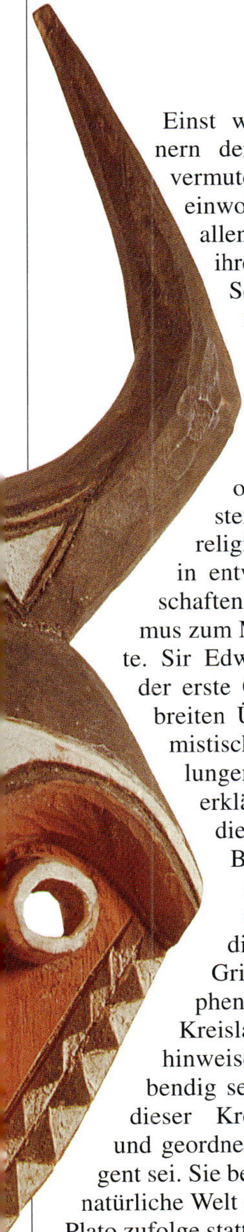

Einst wurde von Bewohnern der westlichen Welt vermutet, daß nur die Ureinwohner das Heilige in allen Dingen sehen, und ihre Wahrnehmung der Seele (lat. *anima*) in materiellen Objekten beschrieb man als „Animismus" und betrachtete sie als primitive Form einer Religion, als vielleicht ersten Ausdruck eines religiösen Impulses, der in entwickelteren Gesellschaften über den Polytheismus zum Monotheismus führte. Sir Edward Burnett Tylor, der erste Gelehrte, der einen breiten Überblick über animistische Glaubensvorstellungen verfaßte (1871), erklärte, daß Religion die Formalisierung der Beziehung des Menschen zu den Geistern repräsentierte, die er wahrnahm. Griechische Philosophen glaubten, daß der Kreislauf der Natur darauf hinweise, daß die Welt lebendig sei und daß sie, weil dieser Kreislauf regelmäßig und geordnet wäre, auch intelligent sei. Sie betrachteten daher die natürliche Welt als beseeltes Wesen. Plato zufolge stattete der Schöpfer die gesamte Welt, alle Tiere und Pflanzen mit einer Seele aus, deren Sitz das Zentrum der Erde war.

Der Nachlaß eines animistischen Königs – dem letzten, der dem traditionellen Weg folgte – wird in Tomok auf der Insel Samosir in Indonesien begraben.

LINKS *Die Bapende Zaïres glauben, daß in den Köpfen von Tieren starke Kräfte enthalten sind, und tragen bei Ritualen Tiermasken in der Annahme, daß sie dadurch vor dem Bösen geschützt sind.*

ANIMA MUNDI

In seinem Werk *Timaeus* liefert der griechische Philosoph Platon (427 v. Chr.–347 v. Chr.) einen Bericht vom Ursprung der Welt und der Natur, der bis in die Renaissance hinein einflußreich blieb. In diesem Buch entwickelte Platon sein Konzept der *anima mundi* oder Weltseele. Er beschrieb die Welt als „das schönste und perfekteste aller intelligiblen Wesen, zusammengefügt wie eines der sichtbaren Tiere und in sich zusammenfassend alle anderen Tiere der Natur".

Mitglieder der Schule von Chartres belebten und personifizierten Platos Weltseele in ihrem Bemühen, die physische Welt mit der Welt des Heiligen zu verbinden. Die Schule lehrte, daß der Mensch durch die Beobachtung der Naturgesetze und das Bemühen, in Harmonie mit der Natur zu leben, Gott näherkommen könnte.

Eine Landschaft der Relikte

Das Land selbst hört sogar dort, wo es starken Veränderungen ausgesetzt war, niemals auf, den Geist der Vergangenheit zu atmen. Waldgebiete, Weideland und andere bewirtschaftete Landschaften enthalten versteckte Zeugnisse der komplexen Beziehung zwischen Mensch und Topographie. Einige dieser Spuren sind zwar rein zufällig, jedoch deshalb nicht weniger beredt. An einigen Plätzen in der kanadischen Prärie hinterließen die schweren Fuhrwerke der ersten europäischen Siedler tiefe Furchen im Boden und erinnern an die Plagen, Opfer und Abenteuer der Neuen Welt. Den größten Einfluß auf die Vorstellungskraft haben jedoch in jedem Fall die baulichen, die *konstruierten* Relikte der Vergangenheit. Manche Landstriche sind regelrecht überfrachtet mit Bedeutung, die sich im Laufe der Zeit dort angehäuft hat. Die Relikte früherer Jahrhunderte – Gräber, Monumente, Tempel, rituelle Bauwerke aller Art – sind für Historiker und Archäologen wertvolle Zeugnisse unserer Vorfahren. Ein einzelnes Relikt allein reicht selten aus, um den Experten die Antworten zu liefern, nach denen sie suchen, und es ist immer hilfreich, andere Quellen, z. B. schriftliche Zeugnisse, zu befragen. Wenn diese fehlen, wie das bei prähistorischen Stätten der Fall ist, bleibt vieles rätselhaft und führte in vorwissenschaftlichen Zeiten zur Folklore und in der modernen Zeit akademischer Untersuchungen zu Kontroversen.

Die Vorstellung einer vom Sand begrabenen Siedlung ist äußerst beziehungsreich. Skara Brae, ein neolithisches Dorf, kam 1850 ans Licht, als ein Sturm die Kuppe einer großen Sanddüne wegriß und Steinhäuser freilegte.

Allzu oft wird heute vergessen, daß viele Völker der fernen Vergangenheit ebenso von Relikten umgeben waren. Ein aussagekräftiges Bild ist das der Architektur des Römischen Reichs nach seinem Fall: ein Vermächtnis ästhetischer und technischer Perfektion, das sich oft inmitten von Siedlungen findet, wo es keinen Gebrauch für irgendeines seiner Symbole gab. Viele solcher Überbleibsel wurden für andere Zwecke verwendet, besonders häufig dienten sie als Baumaterial für andere Gebäude – ein Schicksal, das auch Stonehenge im Südwesten Englands teilt.

Herrenlose Ruinen wurden oft zum Mittelpunkt lokaler Mythenbildung. In Europa fand ihre Anziehungskraft Ausdruck in romantischen Gespenstergeschichten und Tragödien, die in zerstörten Burgen und Abteien spielten. Der Drang, Relikte zu errichten, hat zu unzähligen sinnlosen Prachtbauten und literarischen Fälschungen geführt, ebenso wie zur Tradition des europäischen Klassizismus mit seinen nachgeahmten Tempeln und Giebeln.

Die Ideallandschaft des späten 18. und frühen 19. Jhd., wie in diesem Bild von William Marlow (1740–1813), war durchsetzt von klassischen Bezügen, besonders von pitoresken Ruinen.

DIE *MARY ROSE*

Im Meer entdeckte Schätze und Relikte fanden schon immer einen besonderen Widerhall, und es ist wohl nicht zu weit hergeholt, zu vermuten, daß dies teilweise mit dem Gefühl der Rückgewinnung des Unersetzlichen zu tun hat.

Die *Mary Rose* wurde 1509–1510 in Portsmouth für die Flotte Heinrich VIII. gebaut. Sie war ein Kriegsschiff mit sieben schweren Bronze- und 34 schweren Eisengeschützen. 1513, nach Kämpfen mit den Franzosen, beschrieb Sir Edward Howard die *Mary Rose* als „euer gutes Schiff, die schönste Blume, die ich jemals segelte". Am 19. Juli 1545 traf sie in der Nähe von Portsmouth auf eine große französische Flotte. Nach einer scharfen Wende kippte sie auf die Seite, Wasser drang durch die Geschützluken, und sie versank wie ein Stein, wobei sie 650 Männer mit in die Tiefe riß.

Zwar wurden Versuche unternommen, die *Mary Rose* zu bergen, jedoch war keiner erfolgreich, und sie versank bald mit der Steuerbordseite im Schlamm und wurde vergessen.

Während der nächsten 400 Jahre legte ziehender Schlamm die verschiedenen Spanten des Schiffes frei. So wurde sie 1836 von Bergungsmannschaften gefunden und 1971 von Archäologen wiederentdeckt. 1982 wurden die Reste des Rumpfes gehoben.

Taucher durchwühlen den Schlamm des Ärmelkanals auf der Suche nach der Mary Rose.

Die Energie der Erde

Von den höchsten Bergen des Himalaja bis zu den heiligen Quellen Irlands wurden die charakteristischen Züge der Landschaft von ihren Bewohnern als Orte wahrgenommen, wo der spirituelle Pulsschlag der Erde am deutlichsten spürbar ist. Diese Vorstellung einer planetarischen Energie ist eine Erweiterung empirisch bekannter Phänomene wie der Gravitation und des Magnetismus. Die bewiesene Wirksamkeit der Wünschelrute und ähnlicher Techniken läßt auch viele westliche Skeptiker an das Vorhandensein von Bereichen quasi-elektrischer Impulse innerhalb oder unterhalb der Erdkruste glauben. In vielen Traditionen wurde offenkundig schon die Andeutung irdischer Energie spiritualisiert. Ein Meister dieses Bereiches mag sich daher aus gutem Grund auf einen Berggipfel, an einen Wasserfall oder in eine Höhle zurückziehen, um in die Kraftfelder einer anderen Welt einzudringen, in dem Glauben, daß die dort enthaltene Energie ihm bei seiner Suche hilft und ihn auf seiner Reise zu den Geistern mit innerer Stärke erfüllt.

Ausgedehnte, sich bewegende Landschaften aus tiefen Rinnen und berghohen Wellen entfalten sich über die Meere. Thermale Strömungen (aufgeheizt am Äquator und abgekühlt an den Polen), Winde, Gezeiten und der „Corioliseffekt“ (eine Funktion der Erdrotation) hält die Ozeane in ständiger Bewegung.

Wasser des Lebens

Da Wasser die Grundlage allen Lebens bildet, hat seine häufige Verbindung zu spirituellen und schöpferischen Kräften eine einleuchtende Logik. Gesegnetes Wasser wird bei Ritualen oft als Medium verwendet, um ein spirituelles Erwachen auszulösen oder zu symbolisieren, und die Taufe in der einen oder anderen Form ist ein weitverbreiteter Eintrittsritus. Das Durchschreiten von Wasser als symbolischer Akt von Tod und Wiedergeburt ist ein üblicher Bestandteil von Initiationsriten, die den Eintritt ins Erwachsenenalter markieren. Der Initiationsritus der nordaustralischen Yolngu etwa wiederholt das Schlucken und Ausspeien zweier Knaben durch eine große Schlange, die als Quelle des Regens verehrt wird.

Große Wasserfälle wie die Iguazú-Fälle in Brasilien reizen die Sinne mit ihrem imposanten Donnern.

Bei der christlichen Taufe taucht die Person als neuer Mensch aus dem Wasser auf, wiedergeboren im Schoß der Kirche und im Geist Christi. In frühchristlichen Gemeinschaften beinhaltete die Taufe oft ein völliges Eintauchen in Ströme oder Flüsse, im 4. Jhd. jedoch führte die Kirche das Beträufeln der Stirn mit „heiligem Wasser" (Weihwasser) ein, das aus einem Becken stammte, welches mit dem Zeichen des Kreuzes gesegnet war. Der Taufritus stellt eine bewußte Parallele zu Tod und Auferstehung Christi her, worauf schon im Alten Testament die Geschichte von Jonas und dem Wal hindeutet. Bis zu seiner Prüfung im Bauch eines „großen Fisches", einem Symbol der umgestaltenden Energie der kosmischen Wasser der Schöpfung, war Jonas auf der Flucht vor Gott. Rituelles Baden hat sowohl eine körperliche wie auch eine spirituelle Funktion: Wir reinigen unseren Körper und waschen unsere Sünden fort. Gläubige berühren sich oft mit Wasser oder waschen sich, bevor sie einen heiligen Platz betreten, eine Praxis, die, unter vielen anderen, von den alten Griechen und den modernen Moslems geteilt wird. Die Griechen badeten die Statuen ihrer Göttinnen jedes Jahr, um sich ihrer Kraft zu versichern. Der König von Saudi-Arabien etwa führt einmal jährlich eine rituelle Waschung des Kaabasteines, eines schwarzen Meteoriten, durch, der sich im Mittelpunkt der heiligen Stadt Mekka befindet, deren Hüter er ist.

Baptisten vollziehen Taufrituale in einem für diesen Zweck errichteten Becken im Wembley-Stadion in London.

Die Urkraft des Wasser zeigt sich in der vulkanischen Landschaft des Yellowstone-Nationalparks in Wyoming. Schweflige Geysire und kochender Schlamm brodeln, während Dampf vom Becken des Flusses aufsteigt und der Yellowstone River unaufhörlich die Berge erodiert.

Ein Relief der Göttin Ishtar auf einem Löwen aus Tel Asmar, Irak, 8. Jhd. v. Chr.

ISHTAR UND DUMUZI

Wasser spielt eine wichtige Rolle in der altakkadischen Erzählung vom Abstieg der Göttin Ishtar in die Unterwelt. Die Geschichte wurde zuerst in der Bronzezeit aufgezeichnet und später auf Tontafeln festgehalten, die sich in der Bibliothek von Ninive, der Hauptstadt von Assyrien, befanden.

Als Ishtar, die mesopotamische Göttin der Liebe, Fruchtbarkeit und des Krieges, sich ihren Weg in die Unterwelt erzwang, legte sie all ihre Kräfte ab und verhielt sich wie einer der Toten, eine Situation, die auf der Erde große Probleme verursachte. Nur dadurch, daß Namtar, der Wesir der Göttin, die Unterwelt betrat und sie mit dem Wasser des Lebens besprühte, konnte sie zurückkehren.

Die Geschichte von Ishtars Rückkehr zum Leben auf der Erde endet mit Instruktionen für die rituelle Behandlung der Statue ihres Geliebten, des Gottes Dumuzi, die während des Fruchtbarkeitsfestes *taklimtu* mit reinem Wasser gewaschen und in rotes Begräbnisgewand gekleidet werden muß.

Wasser aus der Erde

In vielen Traditionen liegt der Ursprung des Süßwassers, das aus Quellen, Brunnen und Wasserfällen entspringt, in der Unterwelt. Es heißt oft, daß Brunnen und Quellen die Gebärmutter der Erde repräsentieren, Heilkräfte besitzen, Weisheit verleihen und Wünsche erfüllen. In Bath in England (S. 58) fanden Archäologen Hunderte von „Fluchtafeln" – in Blei eingeritzte Verwünschungen, die in die heilige Quelle der römisch-britannischen Gottheit Sulis-Minerva, Göttin der Weisheit, geworfen worden waren. In der symbolischen Vorstellung der Zuñi im Südwesten der Vereinigten Staaten sind die Quellen mit den weit entfernten Ozeanen verbunden wie die Äste einer Weide mit dem einzelnen Baum. Den Ursprungsmythen der Zuñi zufolge tauchten die ersten Menschen, die Tageslichtmenschen, im Wasser einer Quelle aus der Unterwelt auf. Als Ursprung des Lebens sind Quellen und Brunnen oft Symbole der Liebe, Heirat, Sexualität und Fortpflanzung, und es ist ein weitverbreiteter Glaube, daß Nymphen und Feen sich in ihren Wassern aufhalten, was zur Bildung des Begriffes Wunschbrunnen geführt hat. Die Erzählung der Tsimshian an der Nordwestküste Nordamerikas, wie das Licht in die Welt kam, berichtet davon, wie der Lichtbringer Rabe sich selbst in ein Blatt auf einer Quelle verwandelte, an der die Tochter des Himmelshäuptlings zu trinken pflegte. Die Tochter verschluckte das Blatt, wurde schwanger und gebar möglicherweise den Raben in seiner menschlichen Gestalt.

Viele kleine Wasserfälle stürzen von einem Felsen im Gental nahe Bern in der Schweiz.

Frank Lloyd Wrights Haus Fallingwater in Pennsylvania spiegelt die natürlichen Muster des nahen Wasserfalles wider.

In der ganzen Welt heißt es, daß viele heilige Brunnen unfruchtbare Frauen fruchtbar machen, andererseits symbolisieren verschlossene Brunnen Jungfräulichkeit. Weil viele Quellen und Brunnen angeblich in die Unterwelt führen, betrachtet man sie manchmal

EWIGE JUGEND

In Nordamerika erzählt der Kojote, wie der Schöpfer dabei war, den Menschen zu schaffen, und zwei Bussarde beauftragte, eine Leiter in den Himmel zu bauen. Am oberen Ende sollten sie zwei Quellen errichten, eine, um aus ihr zu trinken, und eine, um in ihr zu baden. Immer wenn eine alte Person eine der Quellen benutzte, würde sie ihre Jugend zurückerhalten. Die Bussarde begannen mit ihrer Arbeit, aber der Trickster Kojote erklärte ihnen, daß, wenn der Mensch das Versprechen ewiger Jugend hat, er in alle Ewigkeit die Leiter hinauf- und hinuntersteigen würde, ohne jemals Freundschaften oder Familien zu gründen. Daraufhin zerstörten die Bussarde ihr Werk.

Der Brunnen im Garten der Jugend, dargestellt von einem italienischen Künstler aus dem 15. Jhd.

als gefährliche Plätze. Der altirischen Mythologie zufolge kämpfte der Held Diarmaid in der Nähe einer magischen Quelle, stürzte hinein und tauchte in einem übernatürlichen Land, bevölkert mit neuen Gegnern, wieder auf.

Es gibt eine bedeutende Reihe heiliger Quellen in Irland, z.B. die Anderweltquelle von Seghais, die der Ursprung der großen Flüsse Boyne und Shannon sein soll. Mythen über diese Quelle berichten von einer schönen Frau, die sie bewacht. Das Trinken aus dieser Quelle steht für einen symbolischen Geschlechtsverkehr mit dieser Frau. Um den Platz herum stehen neun Haselnußbäume, deren magische Nüsse angeblich in die Quelle fielen und „Blasen der Inspiration" verursachen. Ein Lachs fraß diese Nüsse und wurde darauf zum Lachs der Weisheit. Jeder, der diesen Lachs fangen und essen kann, erhält bardische Kräfte.

Bewohner aus Derbyshire in England „umkleiden" die Brunnen, um sie zu reinigen.

Heilige Quellen finden sich auch in Wales, einige mit Heilkräften, andere werden als Bannquellen benutzt. Ein Beispiel für letzteres ist die St. Aelians-Quelle in Llanelian yn Rhos, deren Kult im frühen 19. Jhd. blühte. Die Initialen des Opfers wurden auf eine Schiefertafel geritzt oder auf ein mit Blei beschwertes Pergament geschrieben und in die Quelle gelegt. Diese Praxis erinnert an die Bann- oder Fluchtafeln in Bath (oben).

Bath, Südwestengland

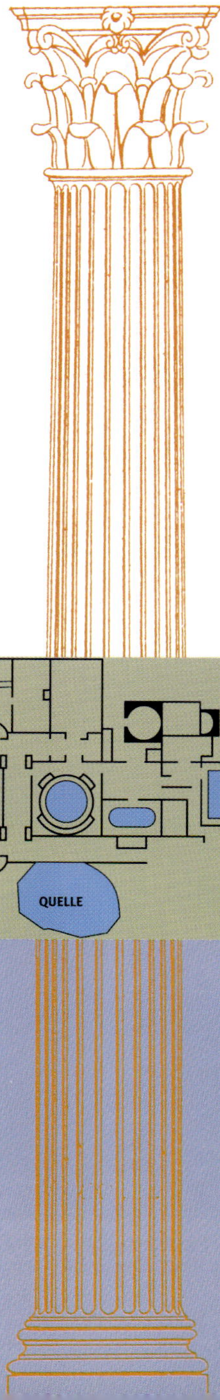

Seit nunmehr 10000 Jahren steigen heiße Mineralquellen in Bath auf, und zwar dort, wo ein niedriger Hügel sich über den Avon River an einer seiner Schleifen durch die Cotswold-Hügeln erhebt. Schon die alten Briten erkannten die heilenden Eigenschaften der Quellen, die der Sulis, einer Göttin des Wassers und der Heilung, geweiht waren, deren Name sich vom keltischen Wort für „Sonne" ableitet und vermutlich auf die Hitze der Quellen zurückzuführen ist.

Die Römer setzten Sulis mit der Göttin Minerva gleich. Um 70 n. Chr. verwandelten sie die Hauptquelle, die sie Aquae Sulis nannten („Wasser der Sulis"), in einen Tempelkomplex mit Bädern für Pilger und Kranke. Gläubige beteten dort zur Göttin Sulis-Minerva um Heilung, Schutz oder die Bestrafung von Übeltätern. Auch andere Gottheiten wurden in Bath verehrt, darunter eine Dreiheit keltischer Erd- und Muttergöttinnen, die Suleviae.

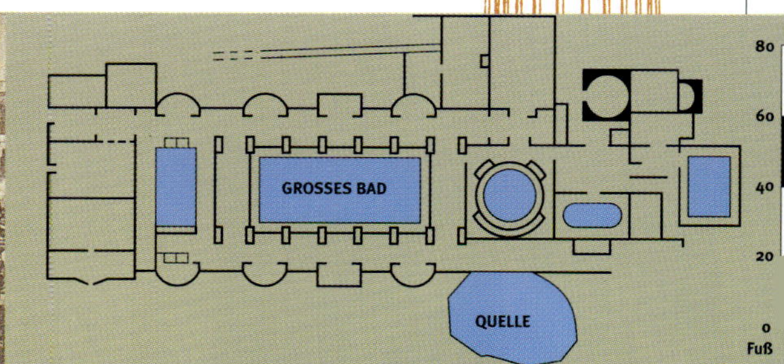

Das mit Blei verkleidete römische Bad wurde 1755 wiederentdeckt, die Ausgrabung und Wiedererrichtung dauerte aber bis 1880.

Der Plan des römischen Bades der Sulis Minerva (oben) zeigt die ursprüngliche Quelle im Norden des Komplexes (im unteren Teil des Bildes). Im Zentrum liegt das Hauptbad. Der Tempel der Göttin, ein strenges Gebäude mit einem Giebel, der von vier korinthischen Säulen (rechts) getragen wurde, befand sich im Nordwesten der alten Quelle.

Der Bau des Pumpenraums im Jahr 1790, während Baths Blütezeit als Badekurort, förderte viele römische Überreste zutage. Der Antiquar James Levine begann das Gebiet um 1860 zu untersuchen, und das römische Freiluftbad in seiner heutigen Gestalt wurde um 1880 entdeckt. Unter den Fundstücken aus der heiligen Quelle befanden sich Tausende von Münzen und viele „Fluchtafeln" aus Blei. Die Tafeln sind der schriftliche Beweis dafür, daß viele Besucher die Göttin um Hilfe oder die Bestrafung von Feinden und Dieben baten. Unklar ist, ob die in den Texten erwähnten Geschenke und Münzen direkt in die Quelle geworfen oder Priestern übergeben wurden.

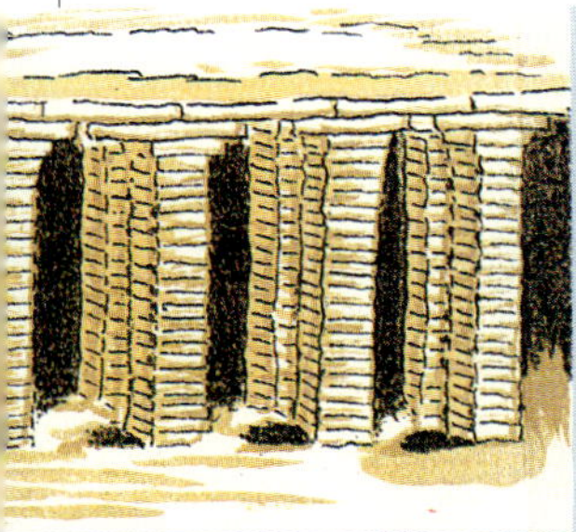

Dieses Detail eines Manuskriptes von 1888 zeigt die Konstruktion der Bäder. Es illustriert das römische System der Bodenheizung, wie es in nahezu allen Villen und öffentlichen Gebäuden der kälteren Provinzen verwendet wurde. Unter den Böden befanden sich gemauerte Hohlräume, durch die heiße Luft zirkulierte, die von einem Ofen stammte.

Das Zentralmotiv des Tempelgiebels, gefunden Ende des 18. Jhds., ist ein bärtiger männlicher Kopf, der sowohl keltischen Göttern der Fruchtbarkeit und Heilung ähnelt, als er auch deutliche Züge der klassischen Darstellung der Gorgo Medusa trägt, deren abgetrenntes Haupt von Minerva benutzt wurde, um Feinde in Stein zu verwandeln.

Der heilige Status von Bath war noch 500 Jahre, nachdem es die Römer verlassen hatten, anerkannt. König Edgar wurde 973 n. Chr. hier gekrönt. Die Quellen wurden im Mittelalter genutzt, aber erst im 17. und 18. Jhd. wurde Bath zu einem berühmten Badekurort. Der soziale Mittelpunkt war das Königsbad, hier auf einer Illustration von 1675.

Flüsse und Ströme

Der Fluß ist eine alte und weitverbreitete Metapher für den Lauf des menschlichen Lebens von der Geburt (der Quelle) bis zum Tod (der Mündung des Flusses ins Meer). Nach buddhistischem Denken muß man zur Quelle dieses Flusses zurückkehren, um Erleuchtung zu erlangen.

Für alte Zivilisationen, die von künstlicher Bewässerung abhängig waren, stellten Flüsse ein Hauptsymbol der Fruchtbarkeit und Zufriedenheit dar, wie es das Bild der vier Flüsse des Paradieses vermittelt, die vom Baum des Lebens in die vier Himmelsrichtungen fließen.

Flüsse und Ströme können die Grenze zwischen Leben und Tod bilden, wofür der Styx und der Acheron, die Flüsse des Hades, die berühmtesten Beispiele sind. In den Lehren des japanischen Buddhismus und Schintoismus heißt es, daß der Fluß Sanzunokawa die Toten von den Lebenden trennt. Flüsse scheiden auch die sichtbare Welt von magischen Regionen, etwa der Anderwelt in alten slawischen Überlieferungen, von der man sich oft vorstellte, daß sie am fernen Ufer eines feuerroten Flusses liegt.

Flüsse wurden oft als heilig betrachtet, viele hielt man sogar für Gottheiten. Tigris und Euphrat wurden von den alten Hethitern verehrt, und die Yoruba in Westafrika glauben, daß der Fluß Ogun die verwandelte Göttin Yemoja ist. Während die Erde oft als Göttin betrachtet wird, hält man das Wasser eines Flusses häufig für den Körper eines Gottes. In einer Sintfluterzählung der Ifugao auf den Philippinen behandelten die Stammesältesten einen ausgetrockneten Fluß wie einen Toten und sein Grab. Als sie zu graben begannen, um seine Seele zu finden, stießen sie auf eine riesige Quelle, die mit ihrem Wasser sofort die Erde bedeckte.

Der Fährmann Charon führt die Toten über den Styx an die Ufer der Unterwelt.

Segelboote auf der Reise in die Ewigkeit im Grab des Sennufer in Theben, ca. 14. Jhd. v. Chr.

Auch übernatürliche Wesen sollen in Flüssen leben. So sind z.B. bei den finno-ugrischen Völkern Wassergeister zugleich lästige Trickster, böse Dämonen und Spender von Nahrungsmitteln. Die Wotjaken in Rußland nennen das Fest am Dreikönigsabend „den Wassergeistern gehorchen". Am Morgen nach den Festlichkeiten werfen sie Gaben in den Fluß oder opfern eine Ente, um den Flußgeist günstig zu stimmen und sich einer guten Versorgung mit Nahrung zu versichern.

Im Mittelpunkt der hinduistischen Pilgerzüge stehen heilige Flüsse, besonders der Ganges, der als Göttin Ganga (S. 62–63) verehrt wird. Einige Pilger nehmen Wasser von seiner Quelle am Fuße des Himalaja und gießen es in einen Linga (phallischer Obelisk) in Ramesvaram, 2000 Kilometer weiter südlich. Dadurch bringen sie die weibliche Flußgöttin mit dem männlichen Gott der Fruchtbarkeit zusammen.

Wie alles Wasser sind auch Flüsse zugleich gefährlich und nährend, was sich an den großen Flüssen zeigt, die jährlich über die Ufer treten und dort ihren fruchtbaren Schlamm ablagern. Der Nil in Ägypten, Tigris und Euphrat in Mesopotamien und der Indus in Indien bereiteten wortwörtlich den fruchtbaren Boden für die ersten Zivilisationen.

FLUSSBESTATTUNGEN

Begräbnisriten an heiligen Flüssen finden sich in vielen Teilen der Welt, und in ganz Europa berichten Volkserzählungen und Legenden von Menschenopfern an Flüssen und heiligen Quellen.

Die LoDagaa in Nordghana warfen die Körper derer, die spirituell unrein gestorben waren, in Flüsse, um die Gemeinschaft zu reinigen. In Indien verspricht der Akt, die Asche in den Ganges zu streuen, der Seele der Verstorbenen, im Körper der Göttin Ganga zu baden. Der Ort, an dem der Ganges auf seinen ersten Nebenfluß, den Jumna, trifft, ist ein besonders heiliger Platz. Dort wurde die Asche Mahatma Gandhis in den Fluß gestreut.

In China glaubte man, daß die Seelen der Ertrunkenen in den Flüssen nach lebenden Körpern jagten, um sie in Besitz zu nehmen.

Verbrannte Körper am Ganges, dem heiligsten der sieben heiligen Flüsse des Hinduismus.

Der Ganges

Der Ganges ist die spirituelle Lebensader Indiens. Er wird als Personifikation der Göttin Ganga betrachtet, von der es heißt, daß sie auf die Erde herabstieg, nachdem König Bhagiratha sie über viele Jahre im Himalaja angebetet hatte. Um zu vermeiden, daß die herabstürzenden Wasser Unheil auf der Erde anrichten, soll Schiwa, mit dem Fluß in seinem Haar, auf dem Berg Kailash meditiert haben. Mit dem Beginn der Monsunzeit im Juni jeden Jahres wird die Geschichte des Herabsteigens des Flusses vom Himmel gefeiert.

Die himmlische Herkunft des Flusses macht sein Wasser heilig, da es die Essenz der Göttin oder die weibliche Energie, *Schakti* genannt, darstellt. Das Trinken des Wassers und das Baden darin sind daher heilige Rituale. Menschen aus ganz Indien strömen nach Rishikesh, der ersten Siedlung nach dem Lauf des Flusses durch den Himalaja, und nach Hardwar, eine etwas südlicher gelegene Stadt, wo das Wasser am heiligsten sein soll. Hiuen Tsiang, ein buddhistischer Pilger, der im 7. Jhd. n. Chr. von China nach Indien wanderte, bestätigt, daß sich „Hunderte und Tausende" von Menschen auf den Ufertreppen von Hardwar reinigen. Viele Menschen reisen noch heute dorthin, um Töpfe und Krüge mit Gangeswasser zu füllen.

Obwohl heute Dämme Teile des Ganges kontrollieren, um die Wasserkräfte zu nutzen und Überflutungen zu verhindern, trägt der Fluß noch immer Opfergaben und Asche ins Meer.

Der Ganges beginnt bei Gomukh (oben), mehr als 4200 Meter hoch im Himalaja. Es ist ein heiliger Platz, an dem die Pilger im Wind, der über die Oberfläche des Eises weht, die Stimmen der Geister hören können. Das eisige Wasser fließt die Berge hinab, vereinigt sich mit anderen Quellen, bis es schließlich zu einem mächtigen Fluß wird.

Die steinernen Landestellen und Stufen sowie die vergoldeten Tempel und Paläste erstrecken sich über 6 km entlang des Ganges in Varanasi (oben), um die vielen Pilger aufnehmen zu können. Der Rauch von Verbrennungen an bestimmten Ufertreppen treibt den Ganges entlang, während die Pilger baden.

Den Pilgern, die an seine Ufer strömen, vermittelt der Ganges die Hoffnung auf eine bessere Zukunft. Bei Sonnenuntergang läuten die Tempelglocken, und die Menschen lassen Boote aus Blättern, gefüllt mit Blüten und brennenden Kerzen, ins Wasser des Ganges, in der Hoffnung, daß es ihre Gebete in den Himmel trägt.

Fischerboote sieht man auf dem Ganges häufig, außer um Hardwar, wo Fische heilig sind.

Der Ganges durchquert eine erstaunliche Anzahl unterschiedlicher Landschaften auf seiner 2 507 km langen Reise durch Indien. Zu Beginn fließt er schnell und durchschneidet dabei die Felsschluchten der Berge. Dann wandert er durch eine weite, flache Ebene, wo er zur Bewässerung benutzt wird, bis er schließlich in den Golf von Bengalen mündet, dem größten Flußdelta der Welt.

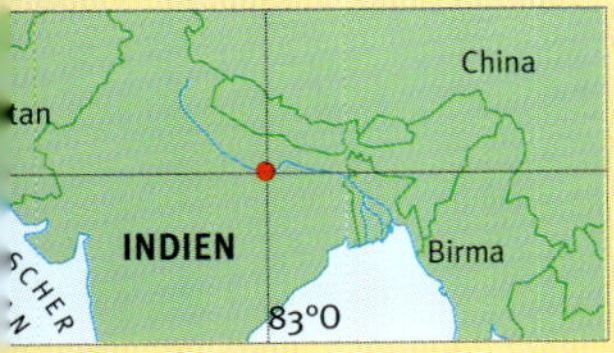

Das Kumbh Mela-Festival wird alle 12 Jahre abgehalten, immer wenn die Sonne, der Mond und die Sterne eine besondere Stellung im hinduistischen Zodiak einnehmen. Ein Bad im Ganges zu dieser Zeit bringt besonders großes Glück, und daher reisen Millionen von Pilgern nach Allahabad, die Stadt am Ufer des Ganges, wo das Festival stattfindet.

Meere und Seen

Der heilige See von Amun. Heilige Seen waren ein wichtiger Bestandteil der Tempelkomplexe von Karnak und Luxor in Theben.

Das Meer ist der Ursprung des Lebens – formlos, unerschöpflich, voll verborgener Kräfte. Ebenso ist es das Bild großer mütterlicher Kräfte, eine Metapher für unergründliche Weisheit und in der Psychologie ein Symbol des Unbewußten.

Ozeane können sich innerhalb weniger Minuten zu rasender Wildheit verwandeln. Alle maritimen Kulturen neigen dazu, sie als Quelle des Reichtums zu betrachten, doch ebenso als Umgebung, in der ständig Gefahren lauern – nicht nur Stürme, sondern auch Bedrohungen, die sich unterhalb der Wasseroberfläche verborgen halten.

In nordischen Mythen waren die Ozeane das Blut des riesigen Urwesens Ymir, und alte Legenden erzählen von Hafgygr und Margygr, riesigen Meeresgöttinnen, die Schiffe zum Scheitern bringen.

Der Einfluß des Meeres auf alles, was in seiner Nähe lebt, ist eingefangen in düsteren Erzählungen der Fischer über die Geister, von denen sie tagtäglich gequält werden. Den Esten zufolge erscheint eine Art des baltischen Wassergeistes Nåkk manchmal als Pferd, das am Meeresufer entlanggaloppiert und die Kinder dazu verführt, mit ihm in seinen Dom in den Wellen zu reiten. Bei anderen Gelegenheiten verhext der nämliche Geist die Augen seiner Opfer, so daß sie das Land nicht vom Meer unterscheiden können und so in den Tod gelockt werden.

Seen sind in Mythen häufig ein okkultes Medium, verbunden (besonders in den Artuslegenden) mit weiblicher Zauberei, mit dem Tod, dem Abgrund und dem nächtlichen Lauf der Sonne.

Die Seemonster auf dieser Landkarte Afrikas symbolisieren die körperlichen und geistigen Gefahren, denen Seefahrer ausgesetzt waren.

DAS TOTE MEER

Das Tote Meer, der tiefste Punkt der Erdoberfläche, hat einen hohen Salzgehalt.

Inmitten einer Wüste gelegen, ist das Tote Meer, wie der Name sagt, ein unheimlicher, lebensleerer Platz, der in den hebräischen Schriften durchgängig als Symbol spiritueller Wildnis gilt. Tatsächlich ist es ein von Land umgebener Salzsee, der 400 Meter über dem Meeresspiegel liegt. Die einzigen Lebensformen, die in diesem extrem salzigen Wasser überleben können, sind einige Bakterien und besonders angepaßte Pflanzen. Verdunstung und die unterschiedliche Wasserzufuhr der den See speisenden Flüsse führt dazu, daß sein Wasserspiegel um etwa 0,6 Meter fällt und steigt, was zu Salzablagerungen führt, die eine Landschaft von Salzhügeln und Säulen schaffen.

Die biblischen Städte Sodom und Gomorrha sollen am südlichen Ufer des Sees gelegen haben und waren die Heimat von Lot und seiner Familie, denen Gott das Entkommen versprach, sofern sie nicht zurückblickten. Als Lots Frau einen flüchtigen Blick zurück warf, erstarrte sie zu einer Salzsäule.

Indirekt ist das Tote Meer auch eine Quelle für eine modernere Ideologie gewesen. In einer Höhle in der Nähe des Sees wurden hebräische und arabische Manuskripte, bekannt als die Schriftrollen des Toten Meeres, entdeckt. Einige glauben, daß sie die Arbeit der Essener gewesen sind, einer Sekte, die ihre Blütezeit vor etwa 2000 Jahren hatte. Das heutige Interesse an den Essenern entstammt zum Teil der Behauptung, daß sie ihr Leben im Gleichklang mit der Natur geführt und die heilige Einheit allen Lebens auf Erden anerkannt haben sollen.

DIE FRAU VOM SEE

Die Frau vom See, eine Prophetin mit magischen Kräften, wird zuerst in der Artuslegende im *Conte de la charette* von Chrétien Troyes (1179) erwähnt. Sie erschien als Beschützerin des Ritters Lanzelot und seines Schwertschmiedes: Sie gab ihm einen steinbesetzten Ring, der ihm half, Zaubersprüchen zu widerstehen, und eine weiße Lanze, die Stahl durchdringen konnte. Sie war Gegenspielerin der Zauberin Morgana. Unter verschiedenen Namen (Viviane, Niniane und Nemué in *Le Morte Darthur* von Sir Thomas Malory), ist sie die Geliebte von Merlin, den sie in einen Baum, ein Grab oder eine Höhle einsperrte. In einigen Versionen kann sie in die Zukunft sehen, verweigert dies aber, da als Folge noch mehr Menschen sterben würden.

Ihr Hofstaat besteht, mit Ausnahme von Lanzelot, ausschließlich aus Frauen, was die keltische Idee der Anderwelt als eines ausschließlich von Frauen bevölkerten Landes widerspiegelt. Ihre Rolle als Überbringerin des Artusschwertes findet sich lediglich in Malorys Erzählung wieder.

In Malorys Version reicht die Frau vom See Artus sein magisches Schwert und fordert es zurück, als er sterbend am Seeufer liegt.

Steine

Ayers Rock (Uluru), eine Sandsteinformation, ist einer der heiligsten Plätze für die Ureinwohner Australiens.

Von der Perspektive der menschlichen Lebenszeit aus betrachtet, hat der Stein eine unveränderliche, ewige Natur. Dies mag erklären, warum er in vielen Kulturen mit dem Übernatürlichen und dem Göttlichen in Verbindung gebracht wird.

Das Küssen des Steins in Blarney Castle, Irland.

Der Stein speichert Hitze, Kälte, Wasser und (als Edelstein) Licht; viel von seinem Symbolismus geht auf diese Eigenschaften und seine unnachgiebige Festigkeit zurück. Seine Heiligkeit spiegelt sich nicht nur in prähistorischen Megalithen wider, sondern auch in seinem Gebrauch für Objekte wie Amulette und Opfermesser.

Es heißt oft, daß übernatürliche Wesen in Felsen wohnen. Die Samen im nördlichen Rußland glauben, daß bestimmte ungewöhnliche Steine, bekannt als *seite*, von Geistern bewohnt werden, die über die Tiere in ihrer Umgebung herrschen. Ein Bericht von 1671 beschreibt ein Ritual, in dem ein Geist innerhalb eines *seite* durch ein Rentieropfer besänftigt wurde, um den Jagderfolg zu sichern. Das in den nördlichen Wäldern Rußlands lebende Jäger- und Sammlervolk der Tungusen glaubt, daß gefährliche Waldgeister, die Herren der Wälder, die Gestalt eines Felsens annehmen können, und sie weichen jedem Felsen aus, der einem Menschen oder einem Tier ähnlich sieht, aus Angst, ihn zu stören. Anderswo werden manchmal kleine Felsen und Steine aufgehäuft und als Verkörperung einer Gottheit betrachtet. In Südindien werden im Dorfheiligtum aufgehäufte Steine als *ammas,* die lokale Schutzgöttin, betrachtet.

Reisende tanzen unter der Aufsicht eines Obelisken, der den griechischen Gott Hermes repräsentiert.

Auch von den Steinen selbst glaubt man, daß sie heilige oder magische Kräfte besitzen, und häufig werden an markant aussehenden oder merkwürdig geformten Steinen Gebete gesprochen und Opfer gebracht. In der Bretagne glaubte man traditionellerweise, daß alte stehende Steine die Macht hätten, Frauen von ihrer Unfruchtbarkeit zu befreien. In Irland sollen diejenigen, denen es gelingt, einen besonderen Stein in Blarney Castle zu küssen, das Geschenk der Redekunst erhalten. Kleine bemalte Steine der prähistorischen Zeit, die man in Kanada in der Nähe von Felsbildern fand, könnten Talismane gewesen sein.

Im alten Griechenland legten Reisende Steine auf die Spitze oft phallisch geformter Obelisken, die Hermes, den Patron der Wanderer, repräsentierten, um den Schutz des Gottes während ihrer Reise zu gewinnen.

Steine können zu mächtigen spirituellen Symbolen für ein Volk oder eine Nation werden. In Delphi markierte ein gemeißelter Stein den *omphalos,* den Nabel der Welt (S. 24–25, 88–89). Schottische Könige wurden in Scone auf einem heiligen Stein, dem „Stein des Schicksals", gekrönt, der den Ruf hatte, der Stein zu sein, auf den Patriarch Jakob seinen Kopf gelegt hatte, als er vom Schicksal der Israeliten träumte. Legenden zufolge soll der Stein Scone erreicht haben, nachdem er zuerst vom Nahen Osten nach Irland, dem Stammland der Schotten, gebracht worden war. Als König Edward I. von England, der von 1272 bis 1307 herrschte, die Schotten besiegte, ließ er den Stein nach London bringen, wo er in den Krönungsthron eingearbeitet wurde, um die Unterwerfung Schottlands zu symbolisieren.

Der Krönungssessel in London mit dem Stein von Scone unter der Sitzfläche. 1296 von Edward I. aus Schottland mitgebracht.

Steine aus der Tiefe von Zeit und Raum

Sternschnuppen sind Stücke felsiger Raumtrümmer, die sich in der Erdatmosphäre auflösen. Größere Brocken können als Meteoriten auf die Erde fallen. Hier ist die Spur einer Sternschnuppe ganz deutlich zu sehen.

Steine, die vom Firmament fallen, repräsentieren einen einzigartigen Besuch aus dem Himmelreich, und oft nimmt man an, daß sie mit spiritueller Energie geladen sind. Die Auswirkung von Meteoriten auf die Vorstellungskraft zeigt sich an dem Einfluß, den sie auf Religionen hatten. Einigen Berichten zufolge tauchte der persische Gott des Lichts, Mithra, dessen Kult im gesamten Römischen Reich populär war, aus einem brennenden kosmischen Stein auf, der wahrscheinlich ein Meteorit war. Im Mittelpunkt des aus Kleinasien, der heutigen Türkei, stammenden Kultes der Erd- und Muttergöttin Kybele stand die Verehrung einer Silberstatue, die einen kleinen schwarzen Stein enthielt, der höchstwahrscheinlich ein Meteorit war. Man hielt die Statue für so mächtig, daß sie 204 v. Chr. auf Anweisung des delphischen Orakels in dem Glauben nach Rom gebracht wurde, daß sie den Römern bei ihrem Krieg gegen Karthago helfen könnte.

Moslems umkreisen die Kaaba (Mitte) siebenmal zu Beginn und am Ende ihrer Pilgerfahrt nach Mekka.

Millionen von Moslems haben die heilige Pflicht, nach Mekka zu pilgern, um an der Großen Moschee der Kaaba, dem größten Heiligtum des Islam, zu huldigen. In deren Südost-Ecke ist ein schwarzer Stein (Hadschar) eingemauert, von dem man annimmt, daß es ein Meteorit ist, und der angeblich vom Erzengel Gabriel auf die Erde gebracht wurde. Die Pilger umrunden die Kaaba siebenmal und küssen und berühren den Stein, bevor sie das Heiligtum betreten.

Auch Steine irdischen Ursprungs werden in manchen Kulturen mit dem Himmel in Verbindung gebracht. In Afrika verehren die Numana aus der Niger-Region kleine Kiesel, von denen sie annehmen, daß es Stücke des Himmelsgottes sind. Die Kiesel werden auf die Spitze von Erdkegeln gelegt, und dann werden ihnen Opfergaben dargebracht.

Fossile Ammoniten, die vor 66 Millionen Jahren ausgestorben sind, gibt es auf der ganzen Welt.

Steine, die die Fossilien von Pflanzen und Tieren enthalten, dienen zwar als Zeugnisse der Evolution, waren aber auch schon vor dem wissenschaftlichen Zeitalter Gegenstand der Faszination. Prähistorische Völker waren zweifellos beeindruckt von ihrer Erscheinung, denn man findet sie manchmal an prähistorischen Stätten ganz bewußt in steinerne Artefakte eingearbeitet. Noch heute stellen Fossilien für abseits vom Wissenschaftsbetrieb lebende Gesellschaften ein großes Geheimnis dar. Z.B. werden die Belemniten, stabförmige Fossilien tintenfischartiger Geschöpfe, die man an den Stränden des Baltischen Meeres findet, von finno-ugrischen Völkern für Finger des Wassergeistes gehalten.

Der 800 Meter lange Wolf Creek-Krater in Australien entstand durch einen Meteoriten.

DER STEIN DER WEISEN

Im Volksglauben war der „Stein der Weisen“ eine von Alchemisten begehrte Substanz, die dazu dienen sollte, Metall in Gold zu verwandeln. Das wahre Ziel der Alchemie war jedoch ernsthafter: die Entdeckung eines göttlichen Mediums (nicht unbedingt ein Stein), das die Verwandlung von Geist und Materie in einen Zustand endgültiger Perfektion bewirkte. Die physikalische Umwandlung von Metallen zeigte dem Alchemisten lediglich an, daß er das richtige Medium gefunden hatte. Jung betrachtete Alchemie als Beispiel für die Entwicklung der menschlichen Natur. Er hielt den Stein der Weisen für einen psychologischen Prozeß: für die Erfahrung der Selbstverwirklichung oder Individuation.

Ein Alchemist, der Blei in Gold verwandelt, aus der Sicht des 19. Jhds.

Felsformationen

Geometrisch regelmäßigen Felsformationen, wie dieser in Kalifornien, wird oft ein übernatürlicher Ursprung zugeschrieben.

Markante Felsformationen sind kennzeichnend für die mythologisierte Landschaft vieler Kulturen. Für Jäger- und Sammlervölker können dies die Orte sein, wo übernatürliche Vorfahren ihrer täglichen Arbeit nachgehen. Manchmal werden Markierungen im Fels als Fußabdrücke oder andere menschliche Spuren beschrieben und als Beleg dafür genommen, daß hier Urwesen vorüberzogen. In den Ebenen Süddakotas opfern die Sioux Tabak und Perlen an einem exponierten Felsen, der angeblich menschliche Fußspuren trägt, und von dem australischen Urwesen Djanggawul und seinen beiden Schwestern glaubt man, daß ihre Geschlechtsorgane so groß waren, daß sie sie während ihrer Wanderungen in der Traumzeit über den Boden schleiften und dadurch bleibende Spuren in der Landschaft hinterließen.

Es ist ein häufiger Glaube, daß Geistwesen seltsam geformte Felsen bewohnen. Die Aborigines im Norden Australiens z.B. erklären, daß übernatürliche Tricksterwesen, die *Mimi,* in den Spalten der Klippen von Arnhem-Land leben. In Nordamerika glaubt man, daß das ockerfarbene Bild einer gehörnten Figur im bemalten Felskanal beim Lake of the Woods ein im Fels wohnendes Geistwesen darstellt.

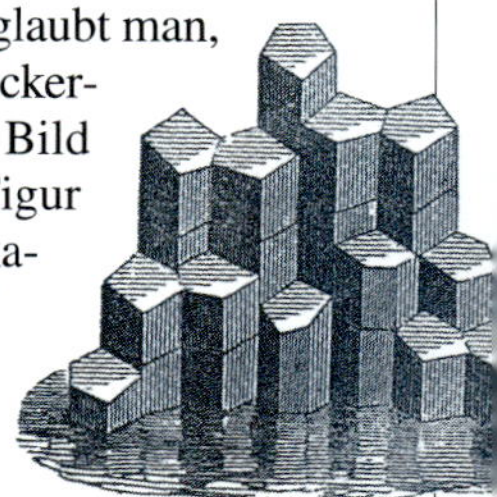

An einigen Orten betrachtet man die Felsen selbst als Tiere, Menschen oder übernatürliche Wesen, die zu Stein verwandelt wurden. Im Bezirk Kyushu in Japan hält man eine Steinformation, die hoch über den Klippen der Hügel liegt, für eine Dame des königlichen Hofes, die zu Stein verwandelt wurde, als sie dem Segelschiff ihres Gatten nachblickte, der 457 n. Chr. nach Korea segelte. Sie steht noch immer dort, leicht vorgebeugt, ihr Kleid nachziehend, und blickt dem entschwindenden Schiff nach. Im Westen der Kimberley-Berge im Nordwesten Australiens betrachten die Ureinwohner eine ganze Felsformation für die *Wandjina,* die Vorfahren des Araluli-Volkes, die zu Stein verwandelt worden sein sollen, als sie dort der Jagd nachgingen. Die jüdisch-christliche Tradition berichtet, wie Lots Weib während ihrer Flucht aus Sodom in eine Salzsäule verwandelt wurde: Schlanke Salzfelsen sind ein besonderes Kennzeichen des Gebietes, in dem die Geschichte sich zugetragen haben soll (S. 65).

Hohe Felsen werden üblicherweise als Plätze betrachtet, die dem Himmel nahe sind, und als solche oft als Heim der Götter verehrt. Beispiele dafür sind der Spider Rock im Canyon de Chelly (S. 74–75) und viele Felsformationen in Europa, die etwa dem Gott Apollo oder auch dem Erzengel Michael geweiht sind (S. 148–149).

Der Damm des Riesen, eine natürliche Basaltformation an der Küste von Co. Antrim im Norden Irlands. Der irischen Mythologie zufolge wurde er von dem Helden Finn mac Cumhaill (dem schottischen Fingal) als Fußweg über das Meer nach Fingal's Cave erbaut, einem ähnlichen geologischen Phänomen wie bei Staffa auf den Hebriden.

Die Benennung von Felsen weist oft auf einen tiefsitzenden Anthropomorphismus hin. Diese Felssäule an der Küste von Hoy auf den Orkneys ist bekannt als „Alter Mann". Sie wurde durch die ständige Erosion des Meeres an der Basis einer schmalen Landzunge gebildet, von der ein Teil vermutlich schon eingestürzt ist.

DER GEIST DER FELSEN

Viele nordamerikanische Indianer glauben, daß bestimmte Felsen von winzigen Geistwesen bewohnt werden. Die Ojibwa aus der Region der Großen Seen nennen diese Wesen *maymaygwayshiwuk.* Der Legende nach leben sie in den Spalten der Klippen, die die Uferlinie der Seen bilden.

Die Mi'Kmaq aus Nova Scotia erzählen von ähnlichen, *hamaja'lu* genannten Wesen. In einer Erzählung entdeckten Reisende einen *hamaja'lu,* der Felsen abschlug und Bilder herstellte. Bei näherer Betrachtung stellten sie fest, daß die Bilder sie selbst darstellten. Die Seneca des Staates New York vollziehen ein Rituale zur Ehre eines kleinen, die Felsen bewohnenden Volkes, das angeblich einmal einem jungen Seneca geholfen hatte.

Höhlen und Felsspalten

Öffnungen im Körper der Erde, naturgemäß dunkel und geheimnisvoll, haben zu ganz unterschiedlichen Emotionen geführt. Einige halten sie für feuchte, sauerstofflose, klaustrophobische Plätze, bevölkert von Fledermäusen und anderen Schattenwesen. Niemand, nimmt man an, würde solch einen Ort als Lebensraum wählen, außer er ist dazu gezwungen, wie steinzeitliche Völker, von denen man glaubt, daß sie dort Schutz vor den Elementen und wilden Tieren suchten. Andere reagieren positiver auf die alte, geheimnisvolle Bedeutung dieser Plätze.

Es wird oft vermutet, daß die Natur den altsteinzeitlichen Höhlenkünstlern großen Respekt einflößte und sie die

Frühe christliche Mönche höhlten Kliffe und kegelförmige Hügel in Kappadokien (Anatolien) aus, um daraus Zellen oder Kapellen zu machen.

Dunkelheit auf der Suche nach spiritueller Erleuchtung durchdrangen. Die Angst vor Höhlen und Spalten könnte aber genausogut nur ein modernes Phänomen sein. Den frühen Menschen boten sie Schutz und Bequemlichkeit in

Bei Nacht entläßt diese vom Dschungel umgebene Höhle in Borneo Fledermäuse und andere nächtliche Geschöpfe.

ihren gebärmutterartigen Durchgängen und Spalten, und Menschen, die daran gewöhnt waren, in einer Welt ohne künstlichem Licht zu leben, fühlten sich vermutlich in vollkommener Dunkelheit sehr wohl.

Dennoch ist es sehr wahrscheinlich, daß Höhlen recht gegensätzliche Gefühle verursacht haben, die ihren Ausdruck in den Glaubensvorstellungen über Schöpfung und Tod fanden. Oft fanden Geburtsmythen in Höhlen oder Erdöffnungen statt. Ein Höhlenheiligtum auf dem Berg Ida auf Kreta soll der Geburtsplatz des Zeus sein, und den Anyanja-Völkern aus Südafrika zufolge tauchten alle Menschen und Tiere aus einem Loch, Kapirimtify genannt, östlich des Nyasa-Sees auf und hinterließen dort die Fußabdrücke im Fels.

Höhlen führen aber auch in die düstere Region der Unterwelt, dem Reich der Toten. Gilgamesch, der legendäre mesopotamische Heldenkönig, mußte etwa 50 Kilometer durch einen dunklen, furchterregenden Durchgang in die Tiefen des Berges Mashu reisen, bevor er das unterirdische Reich der Sonne erreichte.

Das prähistorische Volk der Anasazi im Südwesten der USA baute Ziegeldörfer in die Spalten der Felswände. Cliff Place in Colorado hat mehr als 200 Räume und 23 Zeremonienkammern.

HÖHLEN IN MITTELAMERIKA

Die Höhle spielte eine wichtige Rolle in den Glaubensvorstellungen und Ritualen Mittelamerikas. Sonne und Mond sollen in einer Höhle geschaffen worden sein, und die ersten Menschen der Nahua sollen aus dem Boden eines Platzes aufgetaucht sein, der als Chicomoztoc oder „Platz der sieben Höhlen“ bekannt ist. Einige Forscher haben Chicomoztoc mit Arizona identifiziert und vermuteten, daß die Nahua entfernte Verwandte des prähistorischen Volkes der Anasazi waren, die in Arizona die natürlichen Höhlen der Klippen bewohnten (S. 74–75).

Wie in vielen anderen Kulturen waren Höhlen natürliche Heiligtümer der Götter und Erdgeister. Der aztekische Gott Centeotl wurde angeblich in einer Höhle geboren, und Baumwolle und eßbare Pflanzen sollen aus verschiedenen Teilen seines Körpers gewachsen sein. Tlaloc, der Gott des Regens und der Erde, wurde durch die jährliche Opferung von vier Kindern geehrt, die in einer Höhle eingeschlossen wurden.

Die spürbare Macht der Höhle war so groß, daß sie die Ortswahl für den Bau der Sonnenpyramide beeinflußte, dem berühmtesten Bauwerk in Teotihuacan, der präaztekischen „Stadt der Götter“. Die Pyramide wurde im 1. Jhd. v. Chr. direkt über einem ehemals heiligen Platz, einer unterirdischen Höhle, errichtet. Die Einwohner hofften, daß durch diese Wahl die alte Kraft der Erde auf das neue Bauwerk übergehen würde.

Auch im Glauben der Inka spielen Höhlen eine bedeutende Rolle. Dem Ursprungsmythos der Inka zufolge erschienen die Vorfahren der Inka – drei Brüder und drei Schwestern – in einer Gruppe von drei Höhlen in Pacariqtambo („dem Platz des Ursprungs“) in der Nähe von Cuzco.

Canyon de Chelly, Arizona

Der Canyon de Chelly schneidet sich tief in das Sandsteinbett des Defiance-Plateaus im Nordosten Arizonas ein. Der Canyon wurde von einem großen Wüstenfluß geformt, der sich von den Tunicha-Bergen herunterschlängelt, bis er etwa 50 Kilometer weiter in den mit Beifuß und Wacholderbüschen bewachsenen Ebenen verschwindet. Durch die Verwitterung bildeten sich an den Canyonwänden unzählige spektakuläre Formen heraus.

An Plätzen, wo große Bereiche des Felsens weggebrochen waren und sich kleine Zufluchtsorte gebildet hatten, errichteten die Anasazi, ein altes Bauernvolk, mehrstöckige Wohnstätten aus Steinen, Stöcken und Schlammörtel. Einige dieser Siedlungen konnten nur über Leitern oder in den Fels geschlagene Fußtritte erreicht werden. Auch malten und ritzten die Anasazi Bilder von Tieren, menschenartigen Figuren, Spiralen und andere geometrische Formen in die Höhlen des gesamten Canyons.

Die Anasazi tauchten in dieser Region vor etwa 2000 Jahren auf, nach ca. 500 n. Chr. zogen sie aus verstreut liegenden Siedlungen in die dicht bevölkerten Felswohnungen. Etwa um 1200 n. Chr. hatte sich ihr Einfluß über den gesamten Südwesten verbreitet, aber innerhalb von hundert Jahren verließen sie den Canyon und verschwanden.

Nachdem der Canyon Hunderte von Jahren ungenützt war, wurde er im 18. Jhd. von Navaho, die aus Mexiko eingewandert waren, wieder besiedelt.

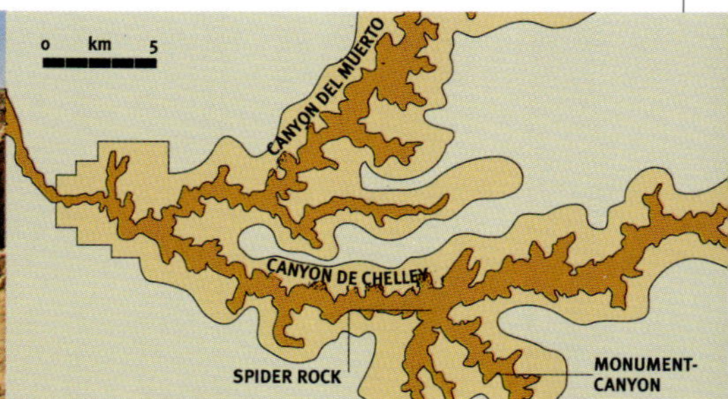

Canyon de Chelly war für Jahrtausende ein Zufluchtsort. Die Anasazi, oder Korbmacher, ließen zunächst ihre gewebten Körbe in Höhlen (ab ca. 2500 v. Chr.). Um 450 n. Chr. begannen sie unter schützenden Felsüberhängen Häuser zu bauen – der Beginn einer Entwicklung, die zu den monumentalen Felswohnungen führte.

Der obere Teil des Canyon verläuft, flankiert von weißem Sand, zwischen strahlend bunten Sandsteinfelsen, von denen einige 10 Meter hoch sind. Im weiteren Verlauf durch das Plateau werden die Felsen höher und höher. Auf halbem Weg, dort, wo der Monument-Canyon abzweigt, ist der Plateaurand nahezu 300 Meter hoch. Hier wird das Wasser völlig vom Sand aufgesaugt, außer in Zeiten schwerer Sommergewitter, wenn plötzliche Überschwemmungen den Canyon entlangstürzen.

Die White House-Siedlung war eine kleine Gruppe von Gebäuden, die von den Anasazi während der großen Pueblo-Periode (ca. 1050 n. Chr.) erbaut wurde. Sie besteht aus zwei Abteilungen: einer unteren auf dem Boden des Canyons an die Felswand gebauten und einer oberen in einer Felsspalte errichteten. Ursprünglich waren die beiden Plätze durch ein vierstöckiges Gebäude verbunden. Der untere Bereich hatte zwischen 45 und 60 Räume und eine kiva, *eine Zeremonienkammer, der obere etwas mehr als 10 Räume. Felsmalereien bedecken die Wände der Felsspalte. Die späteren Navaho-Bewohner stellten in beiden Ruinen ihre Begräbnistruhen ab.*

Die frühesten Felsbilder gehen auf die Anasazi, die Erbauer, zurück. Spätere Bilder stammen von den Navaho.

Spider Rock ist die beeindruckendste geologische Erscheinung des Canyon. Er ist fast 245 Meter hoch.

Während ihrer ersten Zeit im Canyon de Chelley mußten die Navaho zunächst gegen die spanischen Truppen und dann gegen die siegreichen Amerikaner kämpfen. Hier blicken zwei Navaho über das seichte Wasser des Canyon.

Berge

Der Fudschijama, der heiligste Berg Japans. Mitglieder der Fudschiko-Sekte behaupten, daß er eine Seele hat.

Berge sind die Punkte der Erde, die dem Himmel am nächsten kommen, und in vielen Kosmologien bilden sie das Zentrum der Welt und das Verbindungsglied zwischen Erde und Himmelreich. Ein Berggipfel ist oft ein heiliger Platz, an dem die Sterblichen der Welt der Geister nahe sind.

Den hebräischen Schriften zufolge sprach Moses auf dem Gipfel des Berges Sinai mit Gott und erhielt dort auch die Zehn Gebote. Auf dem Berg Karmel triumphierte Elias über die Priester des Baal, auf dem Berg Horeb hörte er das Wort Gottes und auf dem Ölberg, daß Jesus in den Himmel emporgestiegen war. Bear Butte, eine hohe Hügelkette in Süddakota, wird von den lokalen Ureinwohnern für heilig angesehen und zur Visionssuche sowie für andere Rituale (S. 42–43) benutzt.

Auf diesem Hindu-Bild von ca. 1690 benutzt der Gott Krischna den Berg Govardhana, um Dorfbewohner vor einem vom Gott Indra gesandten Sturm zu schützen.

Berge werden auch als Wohnstätten der Götter und Göttinnen betrachtet, besonders wenn sie so hoch sind, daß ihre Gipfel von Wolken eingehüllt sind. Den Pima Kaliforniens zufolge lebt Siuhu („älterer Bruder“), eine mächtige Gottheit, am Ende eines tiefen Labyrinthes in den dem Gebiet der Pima benachbarten Bergen. Er fungiert als Beschützer und ist verantwortlich für Regen, Getreide und Tabak.

Im japanischen Schintoismus sind Berge wie der Fudschijama nicht einfach nur Wohnstätten der Berggottheiten, sondern deren Verkörperung. Auch die Navaho betrachten bestimmte Berge als Körper ihrer wichtigsten Naturgeister: einen männlichen, der alle Planeten und das

Laut Genesis strandete Noahs Arche nach der Sintflut auf dem Berg Ararat in der Türkei.

Leben der Natur beherrscht, und einen weiblichen, verantwortlich für das Wasser und die Geschöpfe des Wassers. Vom männlichen heißt es, daß er sich über zwei Gebirgsketten, Chuska und Carrizo, erstreckt. Seine Beine liegen über dem Carrizo, sein Nacken auf einem Gebirgspaß und sein Kopf auf dem Gipfel des Chuska. Der weibliche Geist liegt in einem Tal, mit ihren Füßen und ihrem Körper auf verschiedenen Tafelbergen und ihrem Kopf auf dem Navaho-Berg. Einige Völker sehen die Felsen der Berge als Knochen, die Ströme als Blut, die Vegetation als Haar und die Wolken als Atem. Hindus und Dschainisten halten einen goldenen Berg, Meru genannt, für das Zentrum des Kosmos. Man glaubt, daß die Wurzeln des Berges in der Unterwelt liegen, und er soll oben breiter sein als unten, wie eine geöffnete Lotusblüte. Ebenso wie Berge für viele Kulturen das Zentrum der Welt markieren, werden sie auch als symbolische Enden der Erde betrachtet, die das Gebiet auserwählter Völker schützen, die in ihrem Schatten leben. Dieser Schutz kann von Pilgerfahrten und Opfern abhängig sein, wie bei den aztekischen Bürgern von Tenochtitlan und ihrer von Bergen umgebenen Hauptstadt.

In der nordeuropäischen Folklore heißt es oft, daß Berge die Wohnorte freundlicher (aber schelmischer) Zwerge sind, welche als Experten in der Metallbearbeitung und der Herstellung magischer Ringe und Schwerter gelten.

VERZERRTES GESICHT

Die Irokesen im Osten Nordamerikas besitzen eine geheime Heilorganisation, bekannt als Gesellschaft der Falschgesichter. Während der Rituale tragen die Mitglieder hölzerne Masken, die die verschiedenen Geister der Irokesen repräsentieren. Einer davon, genannt Verzerrtes Gesicht, soll am dramatischen Zusammentreffen mit einem Berg beteiligt gewesen sein. Der Legende zufolge traf der Riese Verzerrtes Gesicht eines Tages mit dem Schöpfer zusammen und behauptete, daß er, der Riese, die Erde erschaffen hatte. Um die Behauptung zu bekräftigen, sollte jeder von ihnen zeigen, ob er, nur durch Magie, einen Berg bewegen könnte. Der Riese rief den Berg herbei, und dieser bewegte sich nur geringfügig. Als der Schöpfer den Berg rief, sauste dieser heran, und als der Riese sich herumdrehte, prallte er ihm ins Gesicht und brach ihm die Nase.

Eine Maske, die den Geist Verzerrtes Gesicht repräsentiert.

Vulkane und unterirdische Feuer

Die Kraft der Erde zeigt sich bei Vulkanausbrüchen in ihrer ganzen Wildheit und Impulsivität. Es ist schwer, nicht an den Zorn von Bestien der Unterwelt oder die Raserei von Göttern zu denken, wenn Feuer und Asche in turmhohen Wogen in den Himmel schießen. Die Griechen glaubten, daß das von den Göttern gefangene und an das Land neben dem Berg Etna gekettete, hundertköpfige Monster Typhon an seinen Ketten rüttelte und so die Erde bewegte und die Luft mit Feuer und Rauch bedeckte.

Vulkane wurden aber auch in positiverem Licht gesehen. In einem Mythos der Tsimschian aus British Columbia brachte der Rabe, ein Trickstergeist, der Menschheit von einem Küstenvulkan, der bis ins 18. Jhd. aktiv war, das Feuer. Selbst wenn Vulkane Feuer und Licht brachten und für Generationen die Fruchtbarkeit des Bodens erneuerten, förderte ihre zerstörerische Gewalt doch Furcht und Respekt. In Hawaii wurden Opfergaben in den Krater des Kilauea geworfen, um den Zorn Peles, der Göttin des Vulkans, zu besänftigen. Das bevorzugte Geschenk war ein Ferkel. Noch heute werfen die Leute Gaben in den Krater, und einige Zeugen behaupten, Pele vor einem Ausbruch in Gestalt einer alten Frau gesehen zu haben.

Der Vulkan Kilauea auf Hawaii wird mit der Göttin Pele in Verbindung gebracht.

Auch wenn ein Vulkan untätig oder erloschen ist, behält er den Status eines höheren Wesens. Die Flanken des Vulkans Ometepe in Nikaragua sind übersät mit Steinbildern, Gräbern und Urnen, die alle auf einen Glauben an seine übernatürlichen Kräfte hinweisen, und in Japan ziehen jährlich Tausende von Pilgern die schneebedeckten Hänge des untätigen Vulkans Fudschijama, Japans heiligstem Berg, hinauf.

Millionen Jahre von Erosion haben bei einigen Vulkanen den Kegel völlig abgetragen und seltsam geformte, kahle Lavakerne zurückgelassen, die das umgebende Land überragen. Diese alten, lang erloschenen Kolosse verbreiten noch immer eine geheimnisvolle Aura. Devil's Tower in Wyoming war deshalb auch Schauplatz der Landung des ersten fremden Raumschiffes in Steven Spielbergs Film *Unheimliche Begegnung der dritten Art.*

GEHEIMNISVOLLE LICHTER

Während des großen Ausbruchs der indonesischen Vulkaninsel Krakatau im Jahr 1883 knisterte der Himmel vor Elektrizität, und an den Masten und der Takelage der Schiffe schimmerten kleine Flammen, von den Seeleuten St. Elmsfeuer genannt. Diese starke elektrische Störung hielt man früher für ein sichtbares Zeichen von Castor und Pollux, den mit dem Sturm in Verbindung stehenden Söhnen Zeus'. Seeleute der jüngeren Vergangenheit hielten es für ein böses Omen. Tatsächlich ist das St. Elmsfeuer ein schwacher Spannungswechsel, verursacht durch stürmisches Wetter.

Ein anderes geheimnisvolles Licht wandert durch einsame Sümpfe und schwebt über Gräbern. Die Aura von Verfall, die diese Plätze umgibt, führte dazu, dieses Licht als Zeichen wandernder Geister zu sehen. An einigen Orten soll es die Seele eines Verstorbenen sein oder ein böser Geist, der den unvorsichtigen Wanderer in den Sumpf lockt. In irischen Sagen heißt es, daß Kinder bei Dunkelheit das Innere ihrer Jacken außen tragen sollen, um nicht von einem solchen Geist gefangen zu werden. Heute weiß man, daß Irrlichter durch plötzlich entweichende, selbstentzündliche Gase, die sich bei Verwesungsprozessen entwickeln, entstehen.

Einst glaubte man, daß Irrlichter Geister wären.

Devil's Tower, eine riesige Säule aus Basaltlava, war einst der Kegel eines Vulkans.

Der Vesuv, Italien

Der Vesuv, einer von mehreren Vulkanen in Süditalien, jedoch der einzig aktive auf dem europäischen Festland, liegt in einer Region großer seismischer Aktivität, nahe dem Punkt, wo die Kontinentalplatten Eurasiens und Afrikas zusammenstoßen. Der Vulkan entstand vor 10 000 Jahren im Golf von Neapel und entwickelte sich in den Jahrtausenden durch seine Aktivität von einer Insel aus Asche und Bimsstein bis zum 1. Jhd. n. Chr. zu einem Berg von 1 800 Metern Höhe. Nahe des Vesuvs lagen die blühenden römischen Städte Pompeji, Herculaneum und Stabiae. Am 5. Februar 63 n. Chr. vernichtete ein schweres Erdbeben Pompeji und andere Siedlungen, und 79 n. Chr. brach der Vesuv für drei Tage aus, begrub Pompeji und Stabiae unter seiner Asche und überflutete Herculaneum mit vulkanischem Schlamm.

Die gesamte Region um den Vesuv ist vulkanisch. Neapel, das sich weniger als 16 Kilometer weiter westlich befindet, ist auf erloschenen Kratern errichtet und liegt zwischen dem Vesuv und dem Campi Flegrei, einer Gruppe von 19 aktiven Vulkanen, aus denen dem römischen Dichter Virgil (70 v. Chr. – 19 n. Chr.) zufolge das Blut von Giganten sickerte, die von den Göttern erschlagen worden waren. Virgil erklärte auch, daß der Vesuv auf der Spitze eines Giganten namens Alcyoneus steht. Zahlreiche Legenden ranken sich um den Ausbruch von 79 n. Chr. So heißt es z. B., daß Giganten durch den Rauch liefen, der vom Vesuv emporstieg, und den Berg in Stücke schlugen.

Der Vesuv, hier als dunkler Flecken im Zentrum der Luftaufnahme, ist Teil einer vulkanischen Landschaft, die sich den Golf von Neapel entlang erstreckt und auch die Insel Ischia einschließt.

Einwohner fliehen vor dem Ausbruch des Vesuvs von 1906. Die Aktivität des Vulkans hat eine lange Geschichte, die etwa um das Ende der letzten Eiszeit begann.

Lavaexplosionen im Krater des Vesuvs. Während der letzten großen Eruption des Vesuvs 1944 verwandelten Lavaflüsse die Städte Massa und San Sebastiano in schwarze, rauchige Lavafelder.

Bild vom Ausbruch des Vesuvs im Jahr 1870. Der Vulkan war im 19. Jhd. schon dreimal ausgebrochen, nämlich 1822, 1838 und 1850. 1872 brach er erneut aus.

In der Nacht des 24. August 79 n. Chr. verschüttete der Vulkan die Städte Pompeji und Herculaneum. Pompeji wurde unter einer 8 Meter hohen Schicht von Bims und Asche begraben. Herculaneum erstickte in einem Fluß von Asche, Lava und Bimsgestein, der an manchen Plätzen 20 Meter hoch war. In Pompeji flohen viele Menschen während der ersten zwei Tage des Ausbruchs. Die Asche und die giftigen Dämpfe am dritten Tag überraschten die Zurückgebliebenen derart, daß viele von ihnen erstickten. Die Asche erstarrte um die Körper der Opfer herum und konservierte so den letzten Moment ihres Lebens (oben).

Der Vesuv vom Golf von Neapel aus gesehen. Nach dem Ausbruch von 79 n. Chr. war der Vesuv um etliche Meter niedriger.

Mineralien, Metalle und Edelsteine

Eisenpyrit

Feldspat

Quarz

Das Leben der Berge, die die Erde formen, endet, wenn sie durch Verwitterung abgetragen werden und zu Sand und Staub zerfallen. Roter Ocker, eine der Komponenten von verwittertem Eisen, ist ein natürliches Erdpigment, das schon von den altsteinzeitlichen Künstlern zum Bemalen der Wände benutzt wurde und als heilige Substanz galt, die bei Ritualen zur zeremoniellen Körperbemalung gebraucht wurde.

Die Dinka aus der Region des Nilbeckens im Sudan benutzen Mineralpigmente zur Körperbemalung.

Da Metalle, wie der Mensch, eine irdische Substanz mit spirituellem Potential (durch ihre Schmelzfähigkeit) waren, wurden sie in ein Verzeichnis einer kosmischen Hierarchie aufgenommen und den sieben bekannten Planeten zugeordnet: Blei dem Saturn, Zinn dem Jupiter, Eisen dem Mars, Kupfer der Venus, Quecksilber dem Merkur, Silber dem Mond und Gold der Sonne.

Mineralien und Metalle spielen manchmal auch in Mythen und der Folklore eine bedeutende Rolle. Dem Schöpfungsmythos der Irokesen zufolge stieß ein geheimnisvoller Fremder einen Pfeil mit einer Feuersteinspitze in den Boden und schwängerte die Tochter der ersten Frau. Das Kind, das sie gebar, war ein böser Trickster mit dem Namen Flint.

Es heißt oft, daß ungewöhnliche Muster von Mineralien in Felsformationen auf Orte hinweisen würden, wo übernatürliche Ereignisse stattgefunden hätten. Zu Beginn dieses Jahrhunderts bemerkten zwei Ojibwa-Indianer, während sie einen Fluß hinunterpaddelten, Adern aus weißem Quarz, die sich durch einen mehrfarbigen Granitfelsen schlängelten, und hielten dieses Muster für den Körper eines Geistwesens. Andere Völker dieser Region glaubten, daß leuchtende Glimmerkristalle in Pegmatitgestein, durchsetzt mit Quarz und Feldspat, die Schuppen des Unterwassergeistes Mishipishew seien.

Einige Gruppen australischer Ureinwohner glauben, daß ein Himmelsgott die Kristalle zu Boden geschleudert hat, und ihr heiliger Ursprung gibt diesen Felsen die Macht, dem Schamanen bei seiner Suche nach verlorenen Seelen zu helfen. Im Buddhismus sind Kristalle Symbole spirituellen Wissens. Im gesamten Westen sind sie ein unerläßliches Werkzeug der Wahrsager, was darauf zurückgeht, daß man sie früher als Fragmente eines Sterns oder eines göttlichen Thrones betrachtete.

In der Antike wurden manchmal Analogien hergestellt zwischen der Bildung von Metallen und der Entstehung des menschlichen Lebens. Alchemisten dachten, daß Mineralien in der Erde wachsen würden wie der Fötus im Mutterleib und daß sich normale Metalle mit der Zeit in Gold verwandeln würden.

Gold ist wegen seines außerordentlichen Glanzes, seiner Dauerhaftigkeit, seiner Widerstandsfähigkeit gegen Rost und der Möglichkeit, es zu dünnsten Blättern zu hämmern, besonders bemerkenswert. Immer hat es die Eliten der Welt geschmückt, und es wird nahezu weltweit als Symbol der Weisheit und der Unsterblichkeit betrachtet.

Die wirbelnden Muster im Querschnitt von Steinen weisen auf die gigantischen Kräfte im Innern der Erde hin.

SPIRITUELLE STEINE

Edelsteine werden gemeinhin als Symbole verborgenen Wissens und verborgener Wahrheit betrachtet, und ihre Form und ihr Schliff bedeuten die Loslösung der Seele aus der Verderbtheit des physischen Körpers. Einzelne Edelsteine haben eine Vielzahl symbolischer Bedeutungen erhalten. Im russischen Volksglauben war der rote Rubin ein Heilmittel gegen Blutungen, und in moslemischen Legenden unterstützte ein Rubin den Engel, der die Welt trug.

Der Kristall wurde von den Alten als magisch und himmlisch betrachtet.

Smaragde hielt man weitverbreitet für ein Mittel gegen viele Leiden. Hindus behaupten, daß der erste Saphir aus einer Träne Buddhas entstand. Einer hebräischen Legende zufolge war der Stab Aarons, der erblühen und Früchte tragen konnte, aus Saphir und hatte zehn Buchstaben eingraviert, die für die zehn Plagen standen, die über die Ägypter kommen würden. In Persien galt der Diamant einstmals als Quelle des Bösen, während ihm anderswo sein Glanz und seine Härte spirituelle Bedeutung verliehen.

Der Boden

Neues Leben kämpft sich durch die verwitterte Lavakruste des Kilauea in Hawaii.

Der weiche Körper der Erde enthält die Nährstoffe für nahezu alles natürliche Leben. Die Ursprungsmythen namens „Erdtaucher"-Geschichten, die besonders unter den Indianergruppen Nordamerikas zu finden sind, schenken der Lebenskraft des Bodens oft große Aufmerksamkeit. Einigen solcher Mythen zufolge wurden von Ottern, Enten oder anderen Wassertieren vom Grund des Urmeeres nach oben gebrachte Schlammbrocken auf magische Weise in das erste trockene Land verwandelt. Die heilige Rolle des Bodens bei der Entstehung des Lebens wird auch durch die Berichte über die Entstehung des Menschen betont. Die alten Athener glaubten, daß ihr Urahn Kekrops, halb Mensch, halb Schlange, aus dem Boden geschaffen worden war. Bei den Aché in Paraguay wird noch heute ein neugeborenes Baby auf den Boden gelegt, damit ein symbolisches Band zwischen dem Kind und der heiligen Erde entstehen kann.

Verschiedene Gottheiten zelebrieren die unterstützende Rolle des Bodens in der Landwirtschaft. Homer und Hesiod zufolge war Demeter eine Erdgöttin, die sich mit dem Helden Jason in einem Feld vereinigte und dabei das lebensnotwendige Getreide produzierte.

Die Erde eines bestimmten Feldes kann eine eigene, einzigartige Fruchtbarkeit besitzen. Die Tschuwaschen, ein finno-ugrisches Volk, praktizieren einen Fruchtbarkeitsritus, bei dem sie „Erde stehlen". Dieses Ritual ist wichtig, da man glaubt, daß die spirituelle Kraft und damit die Fruchtbarkeit des Bodens von einem kultivierten Feld zum nächsten variiert. Die Tschuwaschen glauben auch, daß die „Feldmutter", die heilige Essenz des Bodens, über die Hufe von Pferden von Feld zu Feld übertragen werden kann.

In Burma hat der Boden einen so hohen Stellenwert, daß er gemeinsam mit

Torf ist eine Ansammlung von halbverwestem Pflanzenmaterial und diente jahrhundertelang als Brennstoff.

Gold, Silber, Eisen, Kupfer, Blei und Zinn zu den sieben irdischen Metallen gezählt wird.

Das Zusammentreffen von Boden und Regen, der grundlegende Prozeß der Fruchtbarkeit, ist vielen Agrarvölkern heilig. Die Schlammtänzer der Hopi beschmieren sich bei Heilungs- und Regenmacherritualen mit Schlamm und Holzkohle. Die tiefe spirituelle Bedeutung der Schlammkunst läßt sich in der Mud Glyph-Höhle in Tennessee erahnen. Dort muß der Besucher durch Schmutz und Dreck waten und kriechen, ehe er zu einem außergewöhnlichen Komplex von Bildern gelangt, die mit den Fingern aus dem Schlamm gekratzt wurden. Die Bilder, die kostümierte Figuren, Tiere, unter ihnen einige äußerst suggestive Schlangen, und geflügelte Wesen umfassen, sollen im 5. Jhd. n. Chr. von den Vorfahren der Cherokee oder Creek geschaffen worden sein.

Pflügen ist eine jahrhundertealte Praxis, deren langsamer, saisonaler Rhythmus in das kollektive Unterbewußtsein vieler Bauernvölker eingedrungen ist. Erst nach der Entwicklung des mit Rädern versehenen, von Ochsen gezogenen Pfluges war das Gerät in der Lage, die Böden im Nordwesten Europas aufzubrechen, die härter und schwerer sind als die der Mittelmeerregion.

BODEN UND FRUCHTBARKEIT

Der Erdboden, ein wesentlicher Bestandteil der Biosphäre, ist eine lebenserhaltende Substanz von großer Komplexität – eine Mischung von verwitterten Mineralien, teilweise zersetzten organischen Ablagerungen und zahllosen lebenden Organismen. Relativ gering verwitterte Böden sind reich an Silikon, Eisen und Aluminium. Im Laufe der Zeit jedoch löst das Regenwasser die Mineralien und schwemmt sie fort. Auf diese Weise werden die Böden ausgelaugt, selbst

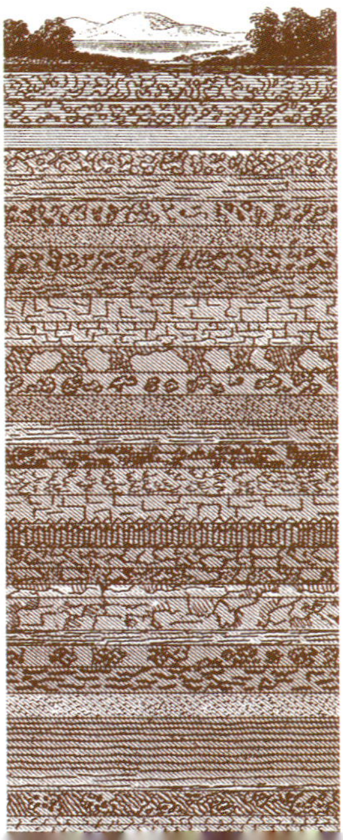

wenn ihr organischer Gehalt durch den Kreislauf von Verrottung und Erneuerung konstant bleibt.

Bodenerosion durch Verlust des Baumbestandes und Wegspülen durch Regenwasser kann zu einer Gefahr für die Nahrungsversorgung werden. Ebenso dramatisch kann die Winderosion sein: Wissenschaftler in Hawaii wissen, daß, wenn Staubwolken über den Pazifik ziehen, das Frühjahrspflügen in China begonnen hat. Vulkane erhöhen die Fruchtbarkeit, indem sie Mineralien ausstoßen, die erodieren und zu neuen nährstoffreichen Böden führen.

Bäume und Haine

In diesem heiligen Hain in Oshogo in Nigeria, der Göttin Oshun geweiht, wurde eine Figur in die Birke eines Baumes geschnitzt. Die ältesten Heiligtümer der Welt waren Haine oder Wäldchen. Die Druiden beteten in Eichenhainen, und ihr Wort für Heiligtum war identisch mit dem für Hain oder Waldlichtung. Auch die Stämme an der Wolga übten ihre Zeremonien in Hainen aus, von denen jeder von einem zentralen Baum dominiert wurde, unter dem Opfer dargebracht wurden.

Fest verwurzelt in der Erde, mit Ästen, die sich zum Himmel strecken, verbinden Bäume den Kosmos. Mit Lebensspannen, die die des Menschen überdauern, stellen sie mächtige Symbole der Zeit, der Reife und der Ausdauer dar

Einer alten Legende zufolge pflanzte der frühe Christ Joseph von Arimathäa, der Glastonbury in England 63 n. Chr. erreichte, seinen Wanderstab in den Grund von Wearyall Hill und sah, wie dieser zu einem Weißdornstrauch erblühte. Tatsächlich gab es dort einen Baum, der Heilige Dornbusch genannt, der zu Weihnachten blühte, und obwohl er 1643 von einem Puritaner gefällt wurde, überlebten seine Ableger. 1951 wurde ein neuer Heiliger Dornbusch auf dem Hügel gepflanzt. Der jährliche Kreislauf der Laubbäume vom Knospen und Blühen bis zum Laubabwurf ist ein sichtbarer Beweis für die kreative Kraft innerhalb der Natur. Bäume wurden daher als Fruchtbarkeitssymbo-

DER GRÜNE MANN

Der grüne Mann ist ein Naturgeist, verbunden mit den Waldgebieten Europas. In England war er als der Grüne Jack, in Rußland und auf dem Balkan als der Grüne Georg bekannt, der oft in Laubwerk eingewickelt abgebildet wurde. Seiner Fähigkeit, den Regen zu kontrollieren, zollte man in Rußland am St. Georgstag Tribut, indem ein als Grüner Georg verkleideter Mann mit Zweigen bedeckt in einen Fluß gestoßen wurde, um den Sommerregen zu sichern.

Der Grüne Mann, eine europäische Fruchtbarkeitsfigur. Hier bei einer Zeremonie in einer englischen Straße des 19. Jhds.

le betrachtet. Die Yarralin im nördlichen Territorium Australiens haben einen Traumplatz für ihre *karu* oder noch nicht initiierten männlichen Stammesmitglieder an einem Seitenarm des Lingara. Die Bäume, die dort wachsen, entsprangen angeblich dem Samen einer Gruppe von *karu,* die dort haltgemacht hatten. Die Männer sammeln Lehm aus dem Seitenarm des Flusses und zerstampfen ihn gemeinsam mit Rindenstücken, um ein Getränk herzustellen, das Frauen anziehen soll. Auch die Frauen haben Traumbäume, einige von ihnen an Orten, wo sie den spirituellen Samen erhalten können, der für eine Geburt notwendig ist.

Viele Götter und Göttinnen des alten Griechenland sollen heilige Haine bewohnt haben, die von den Menschen zum Gebet und zur Kontemplation aufgesucht wurden. Die frühen Germanen betrachteten Eichenhaine als heilig und betraten sie, um im Rauschen der Blätter Antworten auf ihre Fragen zu erhalten.

Der Garten Gethsemane an den Hängen des Ölberges, wo Christus verhaftet wurde. Gärten repräsentieren die Zähmung des Waldes.

DER SYMBOLISMUS DER FRUCHT

Früchte wurden oft symbolischerweise dazu benutzt, den Zustand paradiesischer Glückseligkeit zu beschreiben. Einige Früchte teilen die symbolischen Eigenschaften des Eies.

Der Wein ist ein altes Fruchtbarkeitssymbol in vielen Kulturen und wird im Mittelmeerraum zusätzlich mit Opferungen in Verbindung gebracht: Er war das Emblem des Gottes Dionysos, der unter dem Einfluß des Orpheuskultes mit Opferungen verbunden wurde. Der Granatapfel mit seinen vielen Samen im Fruchtfleisch dient als Fruchtbarkeitssymbol, mit besonderer Betonung auf Liebe, Heirat und Kinderreichtum, und suggeriert die Einheit des Kosmos. Eines der positivsten Fruchtsymbole ist der Pfirsich, der im Osten für Unsterblichkeit, langes Leben, Jugend und beschützende Magie steht.

Der Ahorn war, als Teil des Eichenkultes, dem skandinavischen Gott Thor geweiht.

Delphi, Griechenland

Delphi liegt unterhalb steiler Felsen, am zerklüfteten Südwestabhang des Parnaß auf dem griechischen Festland. Homer zufolge machte Apollo diesen Platz zu seinem Heiligtum, nachdem er ihn von einer großen Schlange, der Python, befreit hatte. Es ist nicht bekannt, wann das berühmte Orakel eingesetzt wurde, aber vom 6. Jhd. v. Chr. an wurde Delphi zu einem der berühmtesten Heiligtümer Griechenlands. Dem Gott wurde ein Tempel erbaut, und über die Jahrhunderte entstand ein ausgedehnter Komplex um diesen Platz herum. Die Priesterinnen gaben ihre kryptischen Botschaften aus einer Kammer tief im Innern des Tempels, die den *omphalos* beherbergte, einen gemeißelten Stein, der das Zentrum der Welt sein sollte (S. 25–26). Man glaubte, daß die Prophezeiungen der Priesterinnen durch mächtige, spirituelle Dämpfe inspiriert wurden, die aus einer Spalte unter dem Stein emporstiegen. Nach 300 v. Chr. verlor das Orakel seine Autorität und wurde 390 n. Chr. von Kaiser Theodosius als unchristlich geschlossen.

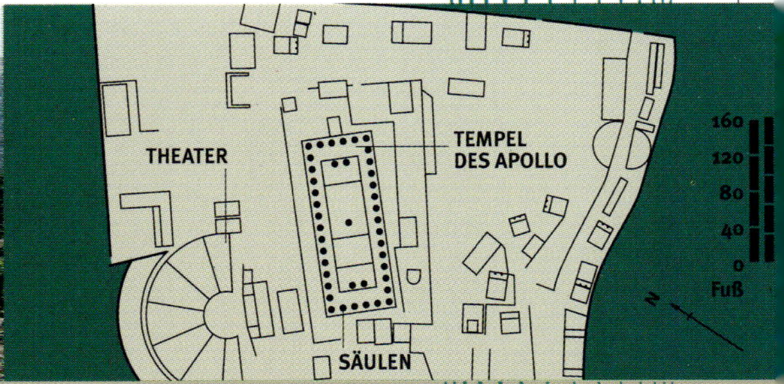

Im 4. Jhd. v. Chr. wurde dem Komplex in Delphi ein Theater hinzugefügt. Es hat 35 Reihen, die sich einen Hang hinaufziehen, und konnte 5 000 Menschen aufnehmen.

Innerhalb des Tempels, dessen Plan oben zu sehen ist, standen Statuen des Zeus und des Apollo. Die Seiten des Tempels waren reich geschmückt mit vier goldenen Dreibeinen, einer Stiftung des Tyrannen von Syrakus, und geschenkten Skulpturen von Göttern, Helden, Pferden und Ziegen.

Der erste Tempel von Delphi brannte nieder. Er wurde mit der Hilfe des ägyptischen Königs wieder aufgebaut und wurde etwa 200 Jahre später durch ein Erdbeben erneut zerstört. Der letzte Tempel, dessen Ruinen noch stehen (oben), wurde im 4. Jhd. v. Chr. erbaut.

Über die Jahrhunderte entstand um den Tempel ein Komplex von Zeremonial- und Unterhaltungsbauten. Im 2. Jhd. wurde ein Stadion für athletische Wettkämpfe, Spiele und musikalische Wettbewerbe erbaut. Es konnte 7000 Personen aufnehmen.

Der griechische Gott Apollo (oben), dem der Tempel in Delphi geweiht war, tötete die Schlange, die das Orakel bewachte. Man glaubte, daß dies den Triumph der olympischen Götter des Lichts über die Gottheiten der Dunkelheit markierte – andererseits wurde es als Sieg über die Erdgöttin durch ein patriarchales Glaubenssystem interpretiert.

Von der Kastalischen Quelle führte der Weg am Schatzhaus der Athener vorbei (oben) zur heiligen Straße.

Der Baum des Lebens

Der Baum ist ein mächtiges Bild kosmischer Integration. Er schickt seine Wurzeln in die Unterwelt hinunter, streckt seinen Stamm hinauf zum Himmel und breitet seine Äste zu einer Blätterlaube über die gesamte Menschheit aus. In vielen Schöpfungsmythen, die verschiedene Welten oder Ebenen der Existenz aufweisen, steht der Baum als feste vereinigende Gestalt, als Kanal für den Fluß göttlicher Energie. In einigen Kulturen blüht er im Paradies oder auf einem heiligen Berg. An seinen Wurzeln kann eine heilige Quelle entspringen. Eine um den Stamm gewundene Schlange kann die spiralförmige Energie der Erde oder auch Zerstörung symbolisieren. Vögel, die in den obersten Zweigen nisten, können für Seelen stehen oder für himmlische Botschaften. Manche Völker glaubten auch, daß er der Weg war, den die ersten Menschen nahmen, um über seinen Stamm und seine Äste in die gegenwärtige Welt zu gelangen.

Kabbalistische und andere okkulte Traditionen verkehren das Bild des Baumes und lassen seine Wurzeln dem Himmel entspringen. In der skandinavischen Mythologie vereinigt die riesige Esche Yggdrasil den Kosmos. Sie zieht heiliges Wasser aus Quellen und Brunnen und trägt eine Menge übernatürlicher Wesen in ihren Ästen. Auf dem höchsten Ast sitzt ein Adler, der für Odin, das Oberhaupt der Götter, die Welt überwacht. Odin selbst hängte sich in einer Hauptepisode des Mythos als Opfer an den Baum, um das Wissen über die Runensymbole zu erlangen, die zum Wahrsagen benutzt wurden. Darin besteht eine Analogie zum Opfer Christi, denn tatsächlich findet in der mittelalterlichen Ikonographie die Kreuzigung häufig an einem Baum und nicht an einem Kreuz statt. In vielen Kulturen wird der Baum nicht nur als Symbol kosmischer Einheit betrachtet, sondern auch als Quelle des Lebens. Die Herero Südafrikas glauben, daß die ersten Menschen und Rinder von einem Baum namens Omum-borombonga stammten. Den Baum gibt es noch, und wenn die Menschen ihn aufsuchen, lassen sie kleine grüne Zweige als Opfergaben dort.

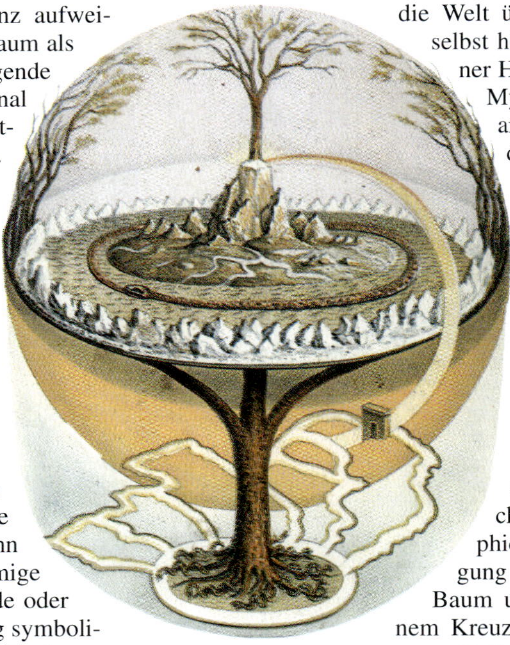

Nach der nordischen Mythologie trafen sich die Götter täglich unter Yggdrasil. Hier auf einem Bild des 19. Jhds.

DIE GÖTTIN IM BAUM

Die ägyptischen Grabmalereien zeigen oft einen heiligen Baum über oder neben einer Quelle, in der das Wasser des Lebens sprudelt. Manchmal findet sich eine Frauengestalt innerhalb des Baumes, welche die Bewohner der Unterwelt mit Nahrung versorgt. Auch die Jakuten Sibiriens haben eine Baumgöttin. Sie berichten, wie der erste Mann, unterwegs, um die Welt zu erkunden, einen riesigen Baum sah, der Himmel, Erde und Unterwelt miteinander verband und durch seine Blätter zu den Göttern sprach. Der junge Mann fühlte sich einsam und bat den Geist des Baumes um Hilfe. Eine Frau wuchs aus dem Boden neben den Wurzeln und bot ihm Milch aus ihrer Brust an. Nachdem er getrunken hatte, war er so mit Kraft und Energie aufgeladen, daß nichts auf Erden ihm schaden konnte.

Den alten Ägyptern zufolge tauchte ein Geistwesen, bekannt als Ba, aus den Körpern der Toten auf. Hier wird ein Ba von einem ägyptischen Lebensbaum gefüttert und umsorgt.

DARWINS LEBENSBAUM

Mit seiner Theorie der natürlichen Auslese legte der britische Naturforscher Charles Darwin (1809–1892) den Grundstock für die modernen Theorien der Evolution der Arten. In seinem Werk *Der Ursprung der Arten* gibt es eine berühmte Passage, in der er lebende Wesen mit einem Baum vergleicht, den er Baum des Lebens nennt. Die grünen und knospenden Zweige repräsentieren die existierenden Arten, während das alte Holz für die fossilen Lebewesen steht. Wenn der Baum wächst, treiben auf allen Seiten Zweige aus. Erfolgreiche Zweige überschatten die schwächeren und nehmen ihnen auf diese Weise ebenso ihre Lebenskraft, wie erfolgreiche Arten und Gruppen von Arten ihre Mitstreiter überflügeln. Viele der jungen Zweige fallen ab, obwohl einige als dünne, zurückgebliebene verbleiben. Sie stehen für die bedrohten Arten. Einige werden zu starken Ästen und ganz wenige zu Hauptästen, die das dichte Laubwerk neuer Zweige und Blätter im Wipfel des Baumes tragen. Ebenso, meint Darwin, sei es auch mit dem großen Baum des Lebens, der mit seinen toten und abgebrochenen Zweigen den Erdboden bedeckt, während sich darüber die schönen, weiten Verzweigungen ausdehen.

Bilder und Gebilde

Die Landschaft ist nicht nur eine besonders ergiebige und zugleich naheliegende Quelle für verschiedene natürliche Symbole, man findet über und unter der Erdoberfläche auch Gebilde, die zu den beeindruckendsten und zugleich rätselhaftesten Schöpfungen aus Menschenhand zählen.

Uralte Landstriche sind von Denkmälern gesäumt, über deren Bedeutung die Archäologen und Anthropologen bis heute rätseln: Man findet Malereien, die in den unzugänglichsten Höhlengängen weitab vom Tageslicht geschaffen wurden, Felsblöcke, die den Weg zu gewaltigen Steinmonumenten weisen, weiters riesige künstliche Hügel, schnurgerade Pisten in der Wüste, die wie eine exakt geplante Autobahn wirken und offenbar ins Nichts führen, und zahllose andere Gebilde, deren Zweck vielleicht nie entschlüsselt werden kann.

Die steinzeitlichen Tiergemälde in den Höhlen von Lascaux in Frankreich und dem spanischen Altamira zeugen davon, wie falsch die gängige Vorstellung ist, daß die Kunst früher primitiv war und sich erst nach und nach verfeinerte. Wie so viele urzeitliche Denkmäler sprechen uns auch die Höhlenbilder unmittelbar über die Jahrtausende hinweg an, obgleich sie geheimnisvoll bleiben.

Die Felsmalereien der Dogon im westafrikanischen Mali erfüllen die Landschaft mit einer Fülle an Symbolen. In manchen Kulturen wird Felsbildern eine übernatürliche Herkunft zugeschrieben.

Frühe Höhlenkunst

In der prähistorischen Höhlenkunst, insbesondere in den in Westeuropa und Afrika entdeckten Malereien, finden sich die wohl kraftvollsten Tierdarstellungen, die je geschaffen wurden. Sie zeugen von einer heute nur schwer nachvollziehbaren, äußerst engen Beziehung zur Tierwelt.

Die bis zu 30 000 Jahre alten westeuropäischen (vor allem südfranzösischen und nordspanischen) Höhlenbilder aus der oberen Altsteinzeit verdienen ihren Ruf voll und ganz.

Manchmal stellten die Steinzeitkünstler tierische Bewegungen aus einer komplizierten, naturalistischen Perspektive dar, die erst Jahrtausende später wieder auftauchen sollte.

Diese Darstellungen von Tieren in Verbindung mit abstrakten Formen stammen in der Mehrzahl aus der letzten Phase der Eiszeit, die vor rund 10 000 Jahren endete. Die Künstler verwendeten verschiedene Techniken, die Farbpalette reicht von Rot, Gelb und Ocker (aus Erdpigmenten) zu Schwarz und Violett aus Manganoxiden, dazu findet man auch Felsgravierungen.

Heute sind die altsteinzeitlichen Höhlen oft über Treppen und eigene Stege zugänglich und elektrisch beleuchtet. Ursprünglich waren sie jedoch stockdunkel und bestanden oft aus einem Gewirr verschlungener Gänge. Aus heutiger Sicht kann man sich kaum vorstellen, daß diese unterirdische Landschaft keinen Einfluß auf die Motivwahl des Künstlers hatte.

Felsmalereien auf dem Tassili-Plateau in Algerien, frühestens 4000 v. Chr. Die Höhlenkunst der Sahara wurde erst nach den Funden in Spanien und Frankreich bekannt, wo kaum Menschen dargestellt wurden. Die algerischen Künstler dürften eher Viehzüchter gewesen sein.

In manchen Unterschlupfen und Höhlen ist der Eingangsbereich breit und trocken und eignete sich daher als Wohnraum. Im spanischen Altamira und in den Höhlen von Le Poisson, La Madeleine und vielen anderen französischen Fundstätten wurden die Felsmalereien und Gravierungen wahrscheinlich in der Nähe des Wohnraums geschaffen; Hinweise darauf geben Herdreste, Tierknochenfunde und Feuersteinsplitter. Andere Kunstwerke liegen jedoch am Ende eines Gangs tief im Berginneren, so etwa in Rouffignac in Frankreich, wo die Besucher heute mit einer eigenen Bahn zur Fundstätte gefahren werden. Die Künstler dagegen mußten sich ihren Weg durch ein unterirdisches Labyrinth bahnen und kauerten in flackerndem Licht auf dem Boden, um ihre Werke zu schaffen. Als Lampen dienten ihnen vermutlich Steinschalen mit Tierfett, in das Dochte aus Gras, Flechten oder Wacholder gesteckt wurden.

Menschen wurden nur selten und unbelebte Dinge gar nicht abgebildet. Die meisten Darstellungen zeigen Tiere, vor allem Mammuts, Bisons, Rene und andere Beutetiere. Das untermauert die Theorie, daß die Höhlenbilder das Jagdglück beschwören sollten. Anderen Interpretationen zufolge dienten sie einem Fruchtbarkeitskult, denn solche dun-

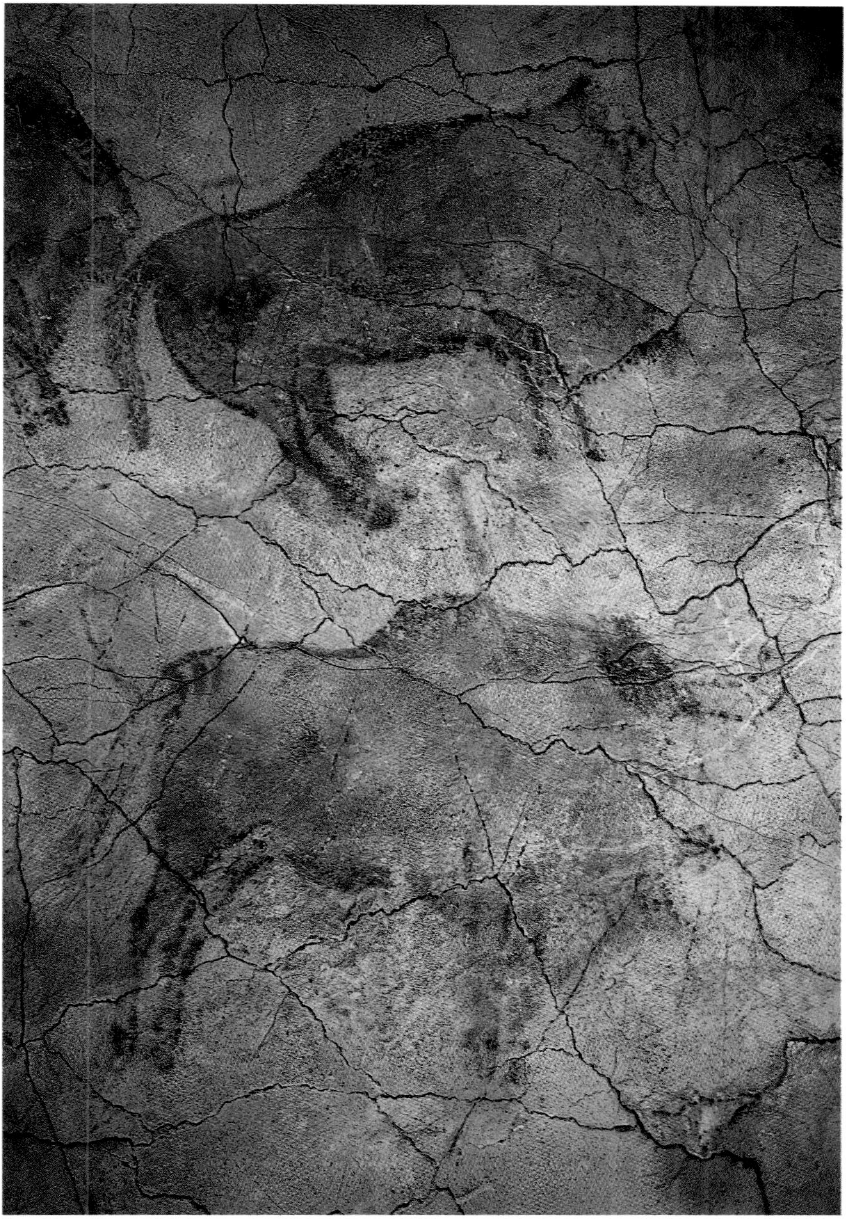

Teil der großartigen Deckenmalerei in der Höhle von Altamira in Nordspanien. Die 1879 entdeckte Höhle ist mit ockerfarbenen Bildern von Bisons und anderen Tieren ausgestaltet.

Prähistorische Menschen- und Tiergemälde in einer Felshöhle in den Matopo-Hügeln in Simbabwe.

klen, unterirdischen Höhlen werden sehr oft mit der Gebärmutter in Verbindung gebracht. Neben den Tieren finden sich manchmal auch menschenähnliche Wesen, die als Schutzgeister, vergleichbar mit den Schamanen jüngerer Kulturen, gedeutet werden.

Hirschdarstellung in den Höhlen von Altamira in Spanien, entstanden im Magdalénien (ca. 13 000 v. Chr.).

Die meisten der Tiere, die in den altsteinzeitlichen Malereien auftauchen, sind – wie etwa Mammuts – heute ausgestorbene Arten oder aber Vorfahren heutiger Tierarten, etwa Elche oder Hirsche. In einer kleinen Nische in der Höhle von Les Trois Frères im Südwesten Frankreichs entdeckte man ein Wesen mit den Füßen und Beinen eines Menschen und dem Rumpf, Armen und Schwanz eines Tieres. Der Kopf ist nicht zuordenbar. Der Abbé Breuil, ein französischer Archäologe, der Anfang bis Mitte dieses Jahrhunderts tätig war, stufte diese Gestalt als Medizinmann oder „Zauberer" ein, der in Tierhäute gekleidet ist und für das Zeremoniell Tierhörner auf dem Kopf trägt.

Andere Gelehrte seiner Zeit brachten dieses Wesen mit Jagdmagie in Verbindung und betrachteten es als Geist zur

Tierbeschwörung. Die endgültige Deutung dieser halb menschlichen, halb tierischen Gestalt steht nach wie vor aus.

Manche Fachleute betrachten die Höhlen mit ihren Felsbildnissen als symbolische Landschaft, eine Bildersprache, in der die verschiedenen Gänge und Stollen mit bestimmten Themen in Verbindung stehen und aus deren Anordnung sich Grundfragen des Lebens und der Natur erschließen. Fundstätten wie Lascaux (S. 98–99) mit Darstellungen wie im „Saal der Stiere" und der „Kammer der Katzen" lassen diese Theorie plausibel erscheinen.

Im allgemeinen geht man davon aus, daß die Höhlenkünstler Männer waren, einer anderen Theorie zufolge wurde jedoch bei den ersten Interpretationen der Werke die Zahl weiblicher, vulvaartiger Motive zu niedrig angegeben. Verschiedene Linienmuster wurden als Hinweis auf die Menstruation gedeutet, eine ältere Hypothese besagt aber, daß es sich dabei um eine Art Kalender handelt.

AFRIKANISCHE HÖHLEN- UND FELSKUNST

Die neusteinzeitliche Fels- und Höhlenkunst in Afrika gibt uns einen guten Einblick in die Domestizierung von Tieren und die Anpassung wildlebender Tiere an den Klimawechsel. Überraschenderweise wurde die afrikanische Felskunst früher entdeckt als die europäische.

Anfänglich wurden nur wildlebende Tiere dargestellt. Der nordafrikanische Büffel (*Bubulus antiquus*), der in den Felsgravierungen zwischen 7000 v. Chr. und 4500 v. Chr. auftaucht, könnte ein Herr der Tiere gewesen sein, verantwortlich für die Züge vieler anderer Tierarten, die für die Jäger von Interesse waren, doch wurden auch Elefanten, Nashörner, Nilpferde, Giraffen und Antilopen abgebildet.

Vor etwa 8000 Jahren nahm die Domestizierung rasant zu. Hirtenszenen mit Rinder-, Schaf-, Esel- und Ziegenherden bilden einen starken Kontrast zu Wildtieren, den vertrauteren altsteinzeitlichen Bildern Europas. Später tauchen Pferde auf (zunächst als Zug-, dann als Reittiere) und zum Schluß Kamele.

In der Tassili-Region der Sahara (S. 94) sind mehr als 15000 Beispiele von Felskunst bekannt, darunter Bilder von ca. 6000 v. Chr., charakterisiert durch stilisierte Menschenfiguren mit runden formlosen Köpfen.

Dieses Höhlengemälde der Dogon aus Mali stellt die Erschaffung der Welt durch den Gott Amma dar, dazu fallen Nommos (übernatürliche Schöferwesen) vom Himmel herab.

Unter dem Reichtum der südafrikanischen Höhlenkunst findet sich in der Makumbehöhle in Simbabwe das herrliche Beispiel von übereinandergelagerten Bildern der verschiedensten Perioden und Stile mit Darstellungen von Elefanten, Menschen, Nashörnern und Antilopen. Die Technik, Bilder zu verschiedenen Zeiten übereinanderzumalen, findet sich auch in Europa und unterstützt eher die Idee einer rituellen Motivation als die einer ästhetischen.

Lascaux, Südwestfrankreich

Das Höhlensystem von Lascaux im Südwesten Frankreichs gehört zu den herausragendsten Beispielen prähistorischer Felskunst. Bei der Entdeckung der Höhlen im Jahr 1940 stand von Anfang an fest, daß die Malereien und Gravierungen, die vermutlich 17000 Jahre lang verborgen geblieben waren, höchstes künstlerisches Niveau aufweisen. Was nicht feststand, war die Antwort auf die Frage, warum offenbar mehrere Generationen von Künstlern die Höhle mit Hunderten Tierdarstellungen ausgestaltet hatten.

Die Künstler von Lascaux schufen oft nahe der Höhlendecke Gemälde, die vom Boden aus sehr schwer zu erkennen waren, insbesondere im schwachen Licht der damals verwendeten Talglampen. Da sich die Bilder an so unzugänglichen Stellen befinden, können sie nicht bloß der Dekoration gedient haben. Der gängigsten Theorie zufolge stehen die Malereien mit der Jagd in Zusammenhang. Es finden sich oft Darstellungen von jagdbaren Großsäugetieren wie Bisons, den heute ausgestorbenen Auerochsen, Pferden und Hirschen. Einige der dargestellten Tiere weisen Verletzungen auf. Möglicherweise sind die Bilder eine Art Trophäengalerie und zeugen von besonderem Jagdglück. Es gibt auch die Hypothese, daß die Künstler mit den Malereien einen „Sympathiezauber“ bewirken wollten. Sie ermalten gleichsam das Erlegen des Tieres. Vielleicht diente die Höhle als Stätte schamanischer Rituale, die vom „Meister der Tiere“ ausgeführt wurden.

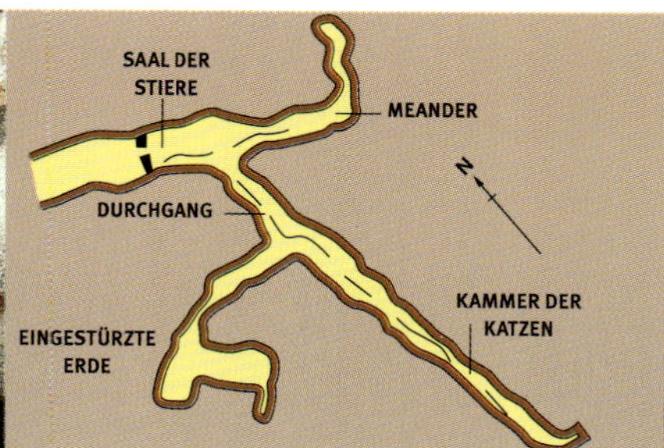

Das Pferd mit dem schwarzen Kopf (oben) wurde vermutlich erst nachträglich zum Bild des großen Auerochsen hinzugefügt. Dieser zweite Künstler verwendete große Sorgfalt darauf, das Pferd harmonisch in das vorhandene Gemälde einzugliedern.

Der „Saal der Stiere“ („Rotunda“) bildet den beeindruckenden Zugang zur Höhle, die Wände sind mit den Konturen riesiger Auerochsen und zahlreicher kleinerer Tiere ausgeschmückt. An den Wänden des nächsten Raums, der „Achsengalerie“, befinden sich bunte Tiergemälde, die durch die weißen Kalkspatwände besonders farbenprächtig wirken. Weiter hinten verengt sich der Raum und mündet in einen Gang mit weiteren Bildern, darunter auch eingravierte Katzendarstellungen.

Der Kopf des Auerochsen, dessen Umrisse mit Manganoxidfarben gezeichnet wurden, ist Teil eines über fünf Meter langen Gemäldes.

Auerochsen, Pferde und andere Tiere in der Rotunda, die hier in die Achsengalerie mündet.

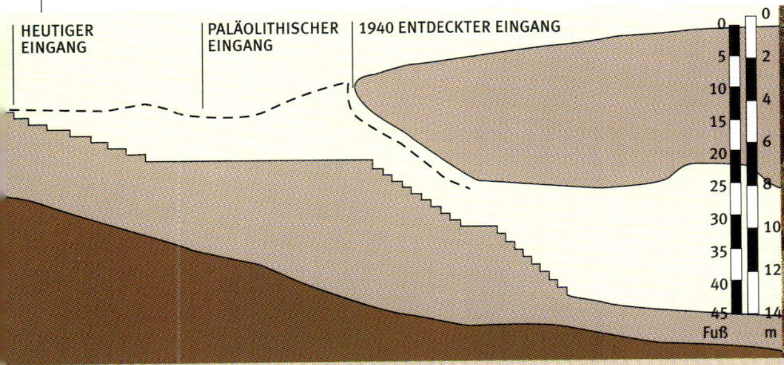

Im September 1940 erforschten vier Jungen aus Montignac eine Höhle, die sie in einem Hügel entdeckt hatten. Ausgerüstet mit einer einfachen Lampe, kletterten sie die steil abfallende Geröllhalde hinab in einen offenen Raum, der sich nicht ausleuchten ließ. Als sie jedoch durch einen schmalen Durchgang in eine niedrigere Felskammer gelangten, erhellte die Lampe die Tiergemälde in leuchtendem Rot, Gelb und Schwarz. Der Abhang, über den die Jungen in die Höhle gekommen waren, war nicht der ursprüngliche Zugang, sondern vielmehr ein Loch in der Decke. Der steinzeitliche Eingang war vor langer Zeit eingestürzt und hatte die Malereien somit eingeschlossen.

Eines der sogenannten „chinesischen Pferde“ von Lascaux, die schwarzen Konturen erinnern an den späteren Stil chinesischer Künstler.

Felsbilder

Uralte Felsbilder unter freiem Himmel gehören oft zur heiligen Landschaft der australischen Aborigines und spielen für deren Mythologie eine wichtige Rolle: Diese Stätten sind Wohnorte der Geister, und hier soll es früher zu übernatürlichen Geschehnissen gekommen sein. In den Bergen im Westen des Kimberley-Plateaus im nordwestlichen Australien finden sich nach Angaben der Ureinwohner an bestimmten Stellen Malereien in mehreren Schichten übereinander. Sie gelten als Werk von Trickstern, die die heiligen Höhlen verunstalteten und die Gemälde der heldenhaften Vorfahren der Traumzeit (S. 34–35) übermalten. Felsmalereien dienen auch als Grenzmarkierungen, oder sie beziehen sich auf tatsächliche Ereignisse, etwa eine besonders erfolgreiche Jagd, oft aber auch auf besonders einflußreiche Menschen. Damit ließen sich etwa die „Unterschriften" in Form menschlicher Handabdrücke in den Höhlen von Queensland erklären.

Mythische Gestalten und Tiere sind das Motiv einer Felsmalerei in der Nähe von Peterborough in Ontario (Kanada), geschaffen wurde sie vermutlich von Algonkin-Künstlern. Dargestellt sind jagdbare Tiere, wie etwa Karibus, Kaninchen und Wild, daneben menschenähnliche Wesen, deren Identität genauso rätselhaft bleibt wie der Zweck der Bilder an sich. Bei der Gestalt mit Kaninchenohren, die beim Lake Mazinaw dargestellt wurde, könnte es sich um Nanabozho handeln, einen Trickster aus der Algonkin-Mythologie, der auch Großer Hase genannt wird.

Die Felsbildtradition ist großteils verlorengegangen. Es sind zwar Bilder erhalten, ihre Bedeutung läßt sich aber nicht mehr erschließen. Manche Bräuche werden noch immer gepflegt: In den 30er Jahren entdeckte ein Archäologe in Westaustralien bei der Erkundung eines Unterschlupfs neu geschaffene Gemälde, auf denen ein Dugong (eine Seekuh), eine Süßwasserschildkröte und die Leber eines Stechrochens zu sehen sind. In ganz Australien werden die Felsbilder gelegentlich ausgebessert oder erneuert, oft im Zuge von Ritualen zur Erhöhung der Zahl der Känguruhs, Alligatoren, Yams und anderer Nahrungsquellen (S. 103).

Besonders herausragende Beispiele für Felskunst finden sich im mittleren und südlichen Afrika. Geschaffen wurden die Werke von Buschmännern (San), den ersten Ureinwohnern dieser Region, die nach 1600 von einwandernden Bantu in die Kalahari- und Namib-Wüste zurückgedrängt wurden. Die San-Kunst findet man vor allem in den Drakensbergen im östlichen Kapgebiet, wo die San bis Ende des 19. Jhds. lebten und dann von Bantu und europäischen Siedlern, die von beiden Seiten eindrangen, vertrieben wurden. (San-Künstler dieser späten Epoche stellten Viehdiebstähle seitens beider Zuwanderergruppen dar.) Die Kunst der Drakensberge

Dieses Felsgemälde in den Tsodilo-Hügeln im Nordosten Botsuanas wurde von San-Künstlern geschaffen; neben anderen Tieren sind zwei Elenantilopen und eine Giraffe dargestellt.

umfaßt Tiergravierungen im Felsen sowie Gemälde, die den Glauben und die Mythologie der San darstellen, etwa die Verehrung der Elenantilope, der größten Antilopenart. Andere Bilder zeigen Zeremonien, bei denen ein Mensch offenbar in ein Antilopenwesen verwandelt wird. Die auf den Felsen dargestellten Rituale werden zumindest der Form nach auch heute noch von den San praktiziert.

Die Bantuvölker, die um 1800 die San in praktisch ganz Südafrika verdrängt hatten, hinterließen ebenfalls Felsmalereien (die von den europäischen Forschern zunächst den San zugeschrieben wurden, weil nur die San in dieser Region nach wie vor Felskunst schufen). Der Schwerpunkt der Bantukunst findet sich in Simbabwe; ein wichtiges Kulturelement ist hier die Opferung des geschwächten Königs, um die Fruchtbarkeit des Landes zu erhalten.

EIN MALER BEI DER ARBEIT

Im Kakadu-Nationalpark in der Alligator River-Region in Nordaustralien gibt es Tausende von Felsbildern aus mehreren tausend Jahren. Einige der treffendsten Beispiele wurden in diesem Jahrhundert von Najombolmi angefertigt, einem Mann, der im Gebiet des Bardmardiclans lebte. Er arbeitete für europäische Büffeljäger, verbrachte aber auch viel Zeit damit, durch den Busch zu reisen und zu malen. In dem Jahr vor seinem Tod begann er sich mit dem Verfall der Traditionen und der Preisgabe des Landes zu befassen. Er reiste zu einem Platz bei Anbangbang, wo sich Bilder von zwei Männern und ihren Frauen befanden. Najombolmi erweiterte die Szene zu einer Gruppe von zwei Familien und fügte drei Charaktere aus der Traumerzählung der Schöpfung hinzu: Namargon, der Mann des Blitzes, Bargini, seine Frau, und Namondjolk, einen bösen Geist.

Auf dieser Felsmalerei im Kakadu-Nationalpark in Arnhem-Land sind mythische Wesen aus der Traumzeit (S. 34–35) abgebildet.

Felskunstrituale

Die San (Buschmänner) tanzen die Nacht hindurch, so daß sie in eine ekstatische Trance verfallen, die ihnen Zugang zur schöpferischen Geistenergie ntum *verschafft. Ihr Tanz ist an den heiligen Stätten der Felsmalkunst dargestellt.*

Wenn Künstler die Oberfläche eines Felsens bemalen, verleihen sie dem uralten Leib der Erde Ausdruck ihrer Kultur. Der Glaube, daß man durch diese Verbindung der Menschenwelt mit der Natur eine Quelle großer Macht und geistiger Energie erschließen kann, ist weit verbreitet.

Felskunststätten dienen oft als eine Art Tempel, in dem sich Gläubige versammeln. Ende des 17. Jhds., als die nordamerikanischen Indianer ihre alten Rituale noch offen ausübten, entdeckten die französischen Priester Dollier de Casson und De Brehant de Galinée in der Nähe des Eriesees einen seltsamen, menschenähnlich geformten Felsen, der mit rotem Ocker verziert war und Gesichtszüge trug. In diesem Gebiet machten viele Reisende Halt, um dem Felsen Tribut zu zollen und Felle und Nahrung zu opfern. Damit wollten sie eine sichere Überfahrt über die oft gefährlichen Gewässer des Eriesees und des Huronsees erreichen. Auch heute noch gelten solche Orte oft als magische Stätten. Bei den Ojibwa im nördlichen Kanada etwa gilt eine bestimmte Felskunststätte in der Nähe eines Sees als von Geistern bewohnt. Die Ojibwa bringen hier Tabakopfer dar oder reisen schnell weiter an das andere Seeufer.

Diese heiligen Stätten dienen den Schamanen der Inspiration, sie erlangen hier durch Träume und Visionen Wissen aus der Geistwelt. So findet man etwa in einer breiten Felsnische hoch oben auf einer Granitklippe in der Nähe der

„VERMEHRENDE FELSEN“

Die australischen Ureinwohner glauben, daß einige Felsen und Felsmalereien die Macht besitzen, wichtige Nahrungsquellen zu vermehren. Im westlichen Kimberley reiben die Aborigines manchmal Steine, die mit Traumwesen in Verbindung stehen, mit den Händen, in dem Glauben, daß der Staub neues Leben hervorbringt.

Wenn die Aborigines der Oenpelli-Region den Bestand an Wasserschlangen erhöhen wollen, schlagen sie mit einem Zweig auf das Felsbild einer Wasserschlange, um deren Geister aufzuscheuchen, und erklären ihnen dann, daß sie zu den Wasserlöchern gehen und große Schlangen werden sollen. In der Nähe des südlichen Alligator River zünden die Ureinwohner Feuer unter dem Bild einer Yamswurzel an, in dem Glauben, daß der Rauch die Geister der Pflanze über das gesamte Land verbreitet.

„Jabirus Traum“, ein heiliger Felsen im australischen Nordterritorium.

Der Lake Superior bei Sonnenuntergang. Die Felsen um die Großen Seen spielen in der Glaubenswelt der hier ansässigen Algonkin-Völker eine wichtige Rolle.

Großen Seen, in einem nahe gelegenen düsteren, höhlenartigen Felsspalt und an anderen Stätten der Umgebung Bilder von Tieren und Menschen, die offenbar durch Träume und Visionen von Inspiration ergriffen wurden.

Im südlichen Afrika bemalten die San (Buschmänner, S. 100–101) Felsen in der Kalahari-Wüste mit Ritualszenen, in denen etwa der Medizinmann beim ekstatischen Tanz abgebildet ist, durch den er übernatürliche Kräfte erlangt. Den San zufolge sind viele der komplizierten abstrakten Darstellungen auf den Felsen das Werk von Schamanen; und wie neue Forschungen zeigen, ähneln die Muster den Nervenstrukturen, die im Trancezustand vorherrschen.

Manche Völker verwenden als Grundlage für ihre Verzierungen ähnliche Muster, wobei die einzelnen Gruppen jeweils eigene Formen haben.

Bilder auf der Erde

Wenn die Oglala-Sioux ein Schwitzhüttenritual (S. 42–43) durchführen, wird aus der Mitte der Hütte Erde weggeschafft, dann legt man heiße Steine in die so entstandene Mulde. Mit der entfernten Erde wird ein heiliger Pfad angelegt, an dessen Ende sich ein Hügel namens *unci* („Großmutter") befindet, der die Welt symbolisiert. Nach dem Ritual wird der heilige Boden den Elementen preisgegeben. Auch die mit großer Mühe angelegten Sandmalereien der Navaho (S. 11) werden hinterher einfach weggewischt.

In Australien werden bei Begräbnisfeiern oder Heilritualen Bodenskulpturen errichtet. Die Angehörigen des Liyagawumirri-Clans aus dem Volk der Yolgnu in Arnhem-Land legen eine Landkarte der Quellen und Brunnen an, die ihrem Glauben nach von den Schwestern Djanggawuls, den alten Heldinnen der Traumzeit (S. 34–35), stammen. Die Skulpturen dienen als Grabstätten und Orte, an denen man geistig verunreinigte Speisen ablegt.

Der Lange Mann von Wilmington im südlichen England besteht aus einem Pfad aus weißen Ziegeln; das Bild wurde 1874 geschaffen.

Bildnisse kann man auch schaffen, indem man durch Einschnitte in die oberste Erdschicht oder den Pflanzenwuchs die andersfarbige Erdschicht darunter sichtbar macht. Beispiele dafür sind das Weiße Pferd von Uffington und andere englische Hügelfiguren (S. 109).

Typisch englische Bodenbildnisse sind etwa Irrgärten, die durch Einschnitte in die Torfschicht geschaffen wurden. Das wohl älteste der acht noch vorhandenen Labyrinthe ist die Trojanische Mauer in der Nähe von Brandsby in Yorkshire, die aktiv erhalten wird. Die Torflabyrinthe sind nur auf einem einzigen, gewundenen Pfad, der ins Innere führt, durchschreitbar. Einen komplizierteren Irrgarten findet man etwa in Alkborough in Lincolnshire auf einem Hügel in der Nähe des Flusses Humber. Der sogenannte Julian's Bower („Laube des Julius") wurde vermutlich im 13. Jhd. von den Mönchen der Abtei Spalding geschaffen; der Name bezieht sich auf die Tradition, der zufolge Äneas' Sohn Julius Irrgärten im Westen bekannt machte. Die Grundlage für Julian's Bower bilden zwölf konzentrische Kreise, das Gesamtbild erinnert an das Labyrinth auf dem Boden der Kathedrale von Chartres in Frankreich, die im 12. Jhd. erbaut wurde.

Die Torflabyrinthe könnten Tanz- oder Schreitritualen in Zusammenhang mit Fruchtbarkeitsriten im Frühling gedient haben. Die ständigen Richtungsänderungen, die der spiralige Pfad vorgibt, werden als Symbol für schwindelerregende Bewußtseinszustände gedeutet, die mit der Wirkung von Rauschdrogen oder der überschäumenden Freude beim Tanzen vergleichbar sind.

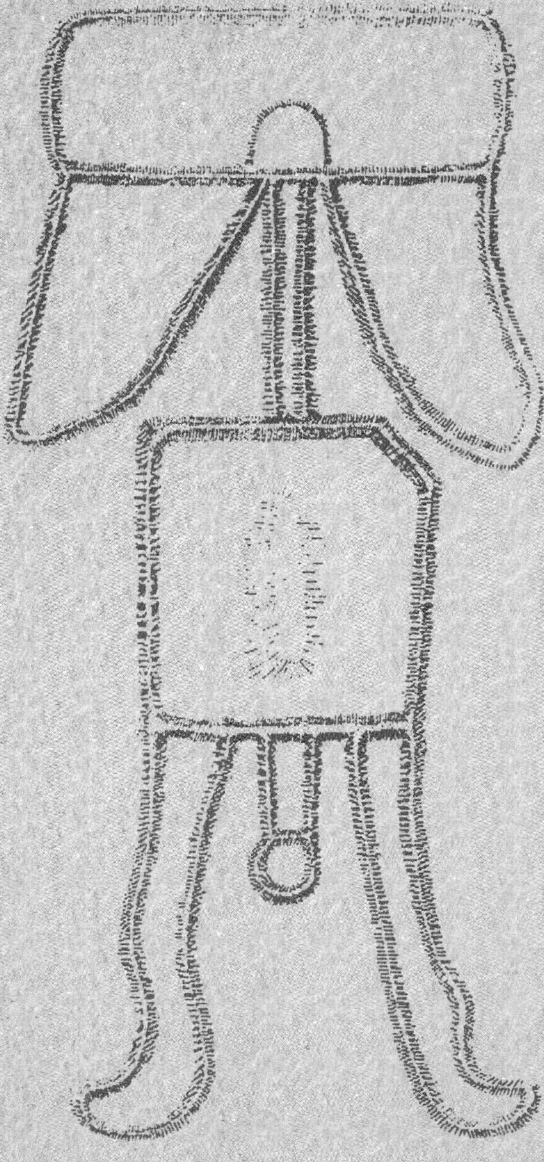

SANDSKULPTURRITUAL

Bodenskulpturen sind ein wichtiger Bestandteil der Rituale in Arnhem-Land im nördlichen Territorium Australiens. Beim *larrakan,* dem Begräbnisritus der Gidjingali, werden die Knochen des Toten, der schon vor Jahren gestorben sein kann, in einen geschmückten hohlen Baumstamm eingeschlossen und innerhalb einer Bodenskulptur begraben. Der Sarg wird in der Magengegend der Skulptur eines totemistischen Wesens namens Ngarapia, die nahezu 10 Meter lang ist, beigesetzt. Dieses Wesen soll einst ein gewalttätiger, gefährlicher Mann gewesen sein, der letztendlich von einer Gruppe von Kriegern in die Enge getrieben und mit einem Steinspeer durchbohrt wurde. Nach seinem Tod soll er sich in einen großen schwarzen Felsen verwandelt haben, der heute noch an den seichten Stellen, die die Insel Burdja umgeben, zu sehen ist. Ein Loch in dem Felsen, durch das Wasser herausspritzt, hält man für die tödliche Wunde.

Die Sandskulptur, die Ngarapia darstellt, wird bei einer Dupun-Zeremonie am Morgen des Begräbnistags für einen Toten geschaffen. Die Knochen werden zerschlagen, damit sie im Sarg Platz haben.

Silbury Hill, Südengland

Silbury Hill ist ein riesiger künstlicher Hügel aus der Jungsteinzeit, der sich über 40 Meter hoch über das Flußbett des Kennet im Kreidegestein der südenglischen Grafschaft Wiltshire erhebt. In der Nähe führt eine alte Römerstraße vorüber, und 1663 schrieb der Altertumsforscher John Aubrey, der König Karl II. auf dessen Reise ins nahegelegene Avebury begleitete: „Seine Majestät wurde des Hügels von Silsbury gewahr, der sich eine Meile weit entfernt erhob. Seine Majestät wünschte diesen zu besichtigen und hob an, ihn zu ersteigen."

Der örtlichen Legende nach ist der Hügel das Grab des alten Königs Sil, der hier mit seinem Pferd bestattet wurde. 1723 wurden bei einer Ausgrabung an der Spitze des Hügels Gebeine, Tierhörner, ein Eisenmesser und ein Zaumzeug entdeckt. 1776 ließ der Herzog von Northumberland einen senkrechten Stollen bis zum Grund des Hügels bohren, und 1849 grub ein Mann namens John Merewether einen Tunnel in den Hügel. Man fand jedoch weder ein Grab noch einen Schatz.

Der letzte Versuch, das Geheimnis von Silbury Hill zu lüften, wurde 1967–1968 unternommen. Die Ausgrabungen ergaben, daß die Errichtung des Hügels um 2660 v. Chr. begonnen wurde, sein Zweck blieb jedoch rätselhaft. Manche Experten meinen, er sei ein Ehrenmal für einen alten Häuptling, andere halten ihn für den schwangeren Leib einer Muttergöttin oder für einen *omphalos,* der den Mittelpunkt der Welt darstellen soll.

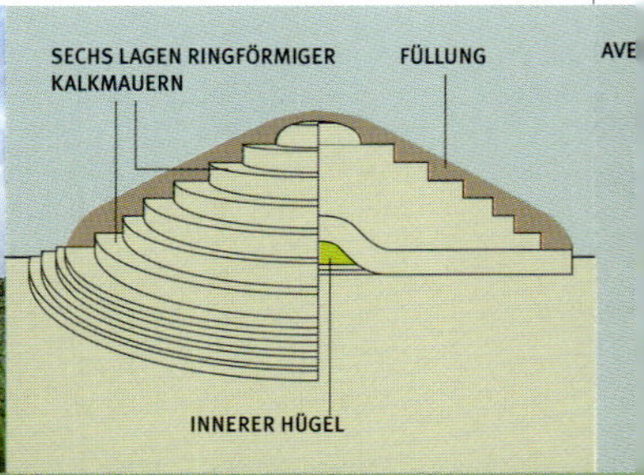

Die abgerundete Kegelform des Silbury Hill (oben) besteht im Inneren aus mehreren treppenförmigen Schichten (oben rechts). Der Hügel wurde in drei Etappen errichtet. Zunächst wurde ein flacher Hügel gebaut, der anschließend mit Hilfe von gestuft aufgeschichteten Kreideblöcken und Verbindungsmauern vergrößert wurde. In der dritten Etappe wurden die ersten beiden Hügel mit einem größeren Stufenhügel bedeckt. Dabei wurden Kalkblöcke wabenförmig angeordnet und mit Kalkschutt gefüllt, anschließend wurde die Oberfläche mit Erde und Torf geglättet.

Ein ähnliches Monument wurde etwa zur selben Zeit (ca. 2600 v. Chr.) im alten Ägypten erbaut, als Djoser, ein Herrscher der dritten Dynastie, die Errichtung eines stufenförmigen Pyramidengrabmals in der Nähe von Sakkara anordnete.

Die zahlreichen Hügel und Monumente des alten Königreichs Wessex in Südengland, wie etwa Silbury Hill, sind für die Bauern seit Jahrtausenden ein vertrauter Anblick.

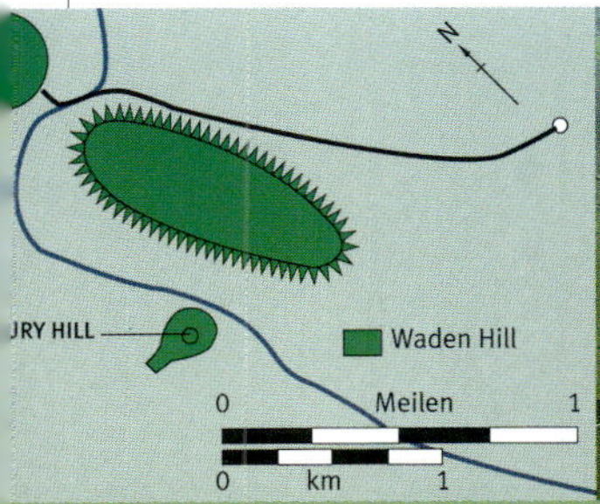

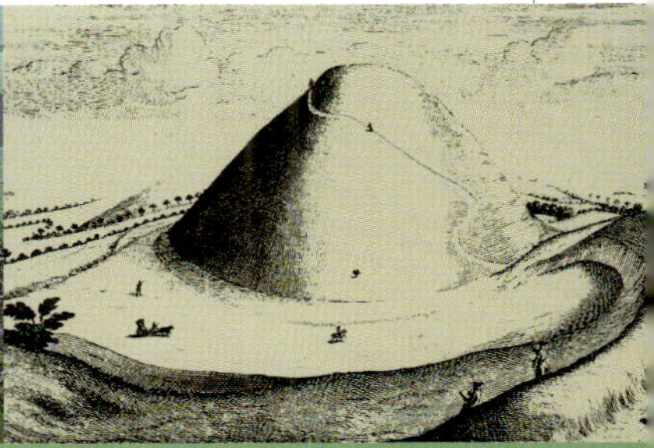

Aus der Karte (oben) und der Luftaufnahme (oben rechts) wird deutlich, wie nahe Silbury Hill bei dem großen Steinmonument von Avebury liegt (S. 120–121). Es wird vielfach angenommen, daß die beiden Stätten in einem Zusammenhang zueinander stehen, daß etwa der Hügel eine Art Signalturm war, von dem aus die Bevölkerung zum Ritual nach Avebury beordert wurde. Das Steindenkmal von Avebury wurde aus religiösen Gründen, aus Aberglauben oder schlicht durch die Landwirtschaft großteils zerstört, Silbury dagegen blieb im wesentlichen erhalten. Der eigenartige Kegelhügel, der die umgebende Landschaft dominiert, übt nach wie vor Faszination auf die Menschen aus.

Gravierung des englischen Altertumsforschers William Stukeley (1687–1765), der um 1720 die ersten wissenschaftlich ernstzunehmenden Untersuchungen von Silbury, Avebury und anderen Monumenten in Angriff nahm. Seine Theorie, der zufolge die Stätten auf Druidenrituale der alten Briten zurückgehen, hielt sich mehr als hundert Jahre.

Bildnisse für die Götter

Manche Bildnisse, die auf der Erdoberfläche geschaffen wurden, sind so groß, daß man sie in ihrer Gesamtheit nur aus der Luft wahrnehmen kann. Eines der beeindruckendsten Beispiele für solche Kunstwerke findet man auf dem Wüstenplateau von Nazca im Vorgebirge der peruanischen Anden. Der schwarzbraune, oxidierte Wüstenboden wurde abgeschabt, so daß der darunterliegende hellere Erdboden zum Vorschein kommt. So entstanden – ähnlich wie bei den Bildern im Kreideboden des südenglischen Flachlands – lange, dünne Linien oder

Die Linien von Nazca beginnen und enden mitten in der Wüste; möglicherweise dienten sie für rituelle Wanderungen.

Dieses Bild aus Nazca erinnert an einen Fuchs, der in der Andenmythologie als Helfertier der Götter gilt.

Pfade. Die „Künstler" schufen auf diese Art riesige geometrische Formen, etwa Dreiecke oder Spiralen, daneben findet man auch die Umrisse von Affen, Fregattvögeln, Spinnen und anderen Tieren.

Diese riesigen Erdbilder, deren Formen von der Erdoberfläche aus nicht erkennbar sind, wurden vermutlich vom Volk der Nazca geschaffen, deren Kultur zwischen 1 und 650 n. Chr. ihre Blüte erreichte. Die Größe der Bildnisse war oft Anlaß zu Spekulationen über ihren Zweck. Es gibt etwa die Theorie, daß die Nazca sie als Grundlage für astronomische Berechnungen oder Kalender verwendeten (was unwahrscheinlich ist, da kaum astronomisch deutbare Gebilde gefunden wurden); noch weiter hergeholt ist die Ansicht, daß die Figuren als Signal für hier landende außerirdische Wesen dienten. Die Wahrheit könnte in der Mitte liegen: Vielleicht wurden die Bilder nur für die Augen der Götter geschaffen, die dem alten Glauben zufolge im Himmel wohnten.

Es gibt Hinweise darauf, daß die Umrisse der Bilder von Nazca in der Vergangenheit rituell reingefegt wurden. Bei der Deutung dieser Tatsache helfen vielleicht die Beobachtungen des Anthropologen Gary Urton, der einer Andenzeremonie beiwohnte, im Zuge derer der Kirchenvorplatz streifenweise gefegt wurde, so daß für jede Familie der Dorfgemeinschaft ein eigenes Feld entstand; anschließend wurde eine Statue des Heiligen, dem die Kirche geweiht war, herausgebracht und in einer feierlichen Prozession umhergetragen.

HÜGELFIGUREN IN ENGLAND

An verschiedenen Plätzen in den Hügelgebieten Südenglands schufen Künstler vergangener Zeiten beeindruckende Bilder, indem sie den weißen Kalk unter der dünnen, grasbedeckten Torfschicht freilegten. Eine der schönsten dieser Kalkfiguren befindet sich am Whitehorse Hill bei Uffington in Oxfordshire, wo der Torf abgetragen wurde, um eine 114 Meter lange Figur zu schaffen. Das Tier ähnelt den stilisierten Pferden auf britischen Münzen unmittelbar vor der römischen Invasion, kann aber auch älter sein. Es befindet sich in einem Gebiet mit zahlreichen bedeutenden prähistorischen Monumenten: Ein alter Handelsweg, der Ridgeway, führt in der Nähe vorbei, und Wayland's Smithy, ein großer stehender Stein, steht in der Nähe. Durch regelmäßiges Entfernen von Gras und Unkraut ist das Pferd erhalten geblieben, wurde aber dadurch möglicherweise auch in seiner Gestalt verändert.

Auch die Identität einer anderen berühmten Kalkfigur, dem 80 Meter großen Riesen nahe Cerne Abbas in Dorset, ist unklar. Die Figur hat einen großen, erigierten Penis und schwingt eine Keule. Lokale Traditionen brachten ihn mit Fruchtbarkeit in Verbindung, und auf der Hügelkuppe über seinem Kopf wurden Maientänze abgehalten.

Angeblich soll das Weiße Pferd von Uffington an den Sieg des Heiligen Georg am nahegelegenen Dragon Hill über den Drachen erinnern. Höchstwahrscheinlich stammt die Figur aber aus vorgeschichtlicher Zeit.

Die Inka, deren Reich im 15. Jhd. von Ecuador bis Chile reichte und Land der vier Richtungen hieß, bauten lange, gerade Straßen, die zum Teil entlang der alten Linien von Nazca führten. Der Schnittpunkt der Straßen lag in der Inka-Hauptstadt Cuzco („Nabel"), die in Form eines riesigen Jaguars angelegt wurde.

Auch die Wüsten im Südwesten der USA dienten den Künstlern der Vergangenheit als „Leinwand". In Kalifornien wurden riesige Bildnisse von Menschen und Tieren in die Schotterterrassen westlich des Colorado River geritzt. Die Herkunft der Bilder ist unbekannt, ein Motiv in Arizona ähnelt jedoch Hâ-âk, dem Schöpfungsmonster in der Mythologie der Pima.

Einige der zahlreichen Grabhügel in Wisconsin, Michigan und Iowa wurden in Form von Menschen, Vögeln, Reptilien und anderen Tieren angelegt. Eine aus 900 Hügeln bestehende Gruppe, die im 19. Jhd. in Iowa beschrieben wurde, enthielt Bilder von über 100 Säugetieren und rund 70 Vögeln sowie zahlreiche andere Motive, die jedoch aufgrund der Erosion nicht mehr eindeutig erkennbar waren. Heute sind nur noch wenige dieser Bildnisse erhalten.

Der Schlangenhügel von Ohio

Der Schlangenhügel gehört zu den beeindruckendsten und zugleich rätselhaftesten Denkmälern der amerikanischen Ureinwohner. Er wurde vor mehr als 2000 Jahren von den Adena oder Hopewell aus gelber Kreide auf einem Untergrund aus Kreide und Steinen errichtet.

Der Hügel ist rund einen halben Kilometer lang und hat die Form einer Schlange, die ein Ei im Maul trägt. Er liegt in einem schmalen Vorgebirge zwischen dem Bush Creek und einem kleineren Nebenfluß. Das Vorgebirge, das die Landschaft dominiert, ist auch für sich genommen beeindruckend: steile, bewaldete Hänge auf einer Seite und eine steil abfallende, 50 Meter hohe Klippe auf der anderen Seite.

Der Altertumsforscher Stephen D. Peet war einer der ersten Fachleute, die den Hügel als Bildnis einer Göttin interpretierten. Wie er 1890 schrieb, „erinnert die Form des Hügels an eine gewaltige Schlange, die gerade in dem unzugänglichen Gelände Ehrfurcht einflößt, als wäre sie die Stätte eines großen Manitu [göttlichen Geistes].“ In der indianischen Mythologie gilt die gehörnte Schlange, die auch geweihtragende Schlange oder Wasserdämon genannt wird, als Schutzgottheit der Lebensquellen, die aus der Erde stammen. Der Felsen mit dem Schlangenhügel liegt über einem wichtigen Wasservorkommen, und das „Ei“ enthielt ursprünglich einen Kreis aus Steinen, in denen man ein Feuer entzünden konnte, das weithin sichtbar war und vielleicht als Zeichen dafür diente, daß der Schlangengeist da war und über die Wasser wachte.

Im Zuge der Erforschung der alten Monumente des Mississippitals durch die Smithsonian Institution machten sich E. G. Squier und E. H. Davis 1848 an die Deutung des Schlangenhügels. Die Gelehrten interpretierten die Schlange als weltweit verwendetes heiliges Symbol, das auch die Ägypter, Kelten, Hindus und andere Völker kannten, und vermuteten einen Einfluß der Alten Welt auf die Errichtung des Hügels.

Schlangen gelten in vielen indianischen Mythen als mächtige übernatürliche Wesen. Im Südwesten Amerikas wurden Schlangenbilder auf Wüstenfelsen gemalt, in Decken eingewoben oder in Form von Sandmalereien dargestellt, wie etwa auf diesem Navaho-Bild, das gehörnte Schlangen zeigt.

Die Erdskulptur in Form einer gewundenen Schlange ist über 380 Meter lang.

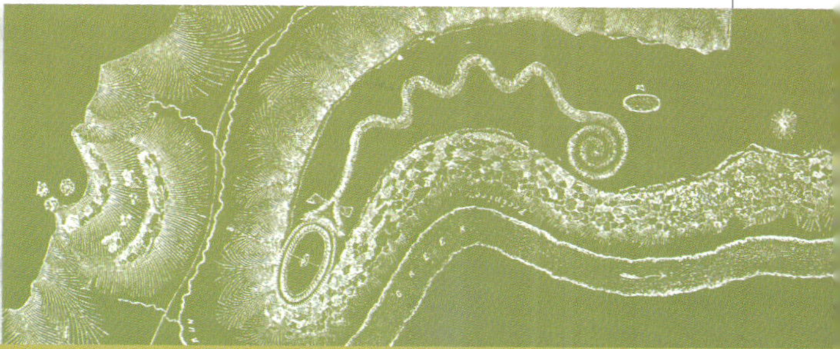

1886 wäre der Hügel, der bereits von Schatzsuchern, Schaulustigen und durch die Bodenerosion in Mitleidenschaft gezogen war, fast schon als Getreidefeld genützt worden, blieb dann aber durch die Arbeit P. W. Putnams erhalten. Ab 1900 konnten Besucher das Schlangenbild von einem Besichtigungsturm aus betrachten (oben).

1848 veröffentlichten Squier und Davis in ihrer bahnbrechenden Studie über prähistorische indianische Kultstätten, Ancient Monuments of the Mississippi Valley, *auch einen Bericht über den Schlangenhügel. Die Gravierung oben stammt aus diesem Werk. Es gibt noch Hunderte andere Erdskulpturen und Grabhügel mit Bildern von Vögeln und Säugetieren, die die hier ansässigen alten Adena oder Hopewell geschaffen hatten.*

Steinblockbilder und Medizinräder

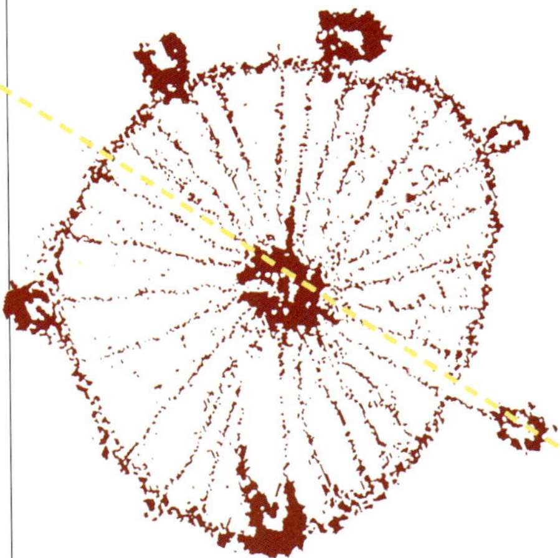

Die Indianer, die das Medizinrad von Big Horn (oben) errichteten, gehörten vermutlich den Völkern der Crow, Cheyenne, Shoshone oder Arapaho an, deren Jagdgründe in dieser Gegend lagen.

In den nördlichen Ebenen und Prärien Nordamerikas wurden von prähistorischen Künstlern auf hohen, abgelegenen Hügeln eiszeitliche Felsblöcke zu geometrischen Formen oder Bildern von Menschen und Tieren angeordnet. Auch bei den Bildern, die nicht durch die landwirtschaftliche Nutzung der Region verändert oder zerstört wurden, sind Alter und Herkunft nur schwer bestimmbar. Der mündlichen Überlieferung zufolge gehen diese Stätten auf legendäre oder mythische Ereignisse zurück. Auf einer hohen Kuppe in Süddakota entdeckten beispielsweise die ersten europäischen Siedler überlebensgroße Steinbildnisse, die einen Mann und eine Frau sowie eine nicht bestimmbare Gestalt darstellten, dazu fanden sie aufgeschüttete Steinhügel und flache Mulden. Sie fragten die ansässigen Sioux nach der Bedeutung der Bilder, worauf diese erklärten, es handle sich um das Bild einer Frau, die den Mann verlassen hatte, den zu heiraten man sie gezwungen hatte, und das Bild des Mannes stelle ihre erste Liebe dar. Die Bilder seien an dem Ort errichtet worden, an dem der eifersüchtige Ehemann die beiden erschlagen hatte.

Später entdeckte man jedoch an anderen Orten zahlreiche Bilder von Schlangen und Schildkröten (siehe nächste Seite unten), und da diese Tiere in der alten Religion der Indianer eine wichtige Rolle spielten, nahm man an, daß die Steinblockfiguren ursprünglich wohl einem religiösen Zweck gedient hatten.

Auf dem nördlichen Hochland wurden Steinblöcke manchmal in Form riesiger Kreise angeordnet, in deren Mitte häufig Steinhügel aufgeschichtet wurden, von denen Steinpfade wie Radspeichen zum Rand des Kreises führen. Der Zweck dieser Bildnisse, der sogenannten „Medizinräder“, ist nicht bekannt. Manche dürften für Rituale in Zusammenhang mit astronomischen Erscheinungen angelegt worden sein. In der Nähe des Gipfels des Medicine Mountain, eines der höchsten Berge der Big Horn Mountains in Wyoming, befindet sich ein Rad mit 28 Speichen und fast 30 Metern Durchmesser. Am Rand des Kreises wurden sechs kleine Steinhügel errichtet. Dieses Medizinrad erinnert der Form nach an den Sonnentanzplatz der Cheyenne, eine runde Hütte mit Mittelsäule und 28 Dachsparren. Die Hütte diente heiligen Sonnenritualen, und die Medizinräder hatten vielleicht einen ähnlichen Zweck. Ein Zusammenhang mit dem Lauf der Sonne ist auf jeden Fall gegeben. Die Linie von einem der größeren Steinhügel zur Kreismitte entspricht beispielsweise genau dem morgendlichen Lichteinfall zur Sommersonnenwende.

Eine modernere Form der Medizinräder entstand vor einigen Jahren aus einer Verbindung von indianischer Spiritualität mit orientalischer Mystik. In Gruppen, wie etwa der Bear Tribe Medicine Society von Sun Bear, wird das Rad als Mandala verwendet. Die Teilnehmer an diesem Medizinradritual des 20. Jhds. sammeln 36 Steine, die 36 Teile des Kosmos symbolisieren, und errichten daraus einen riesigen Kreis, der für das All steht. Der Führer der Gruppe legt als Symbol für den Schöpfergeist den Schädel eines heiligen Tiers in die Mitte des Rades, von wo alles Leben ausgeht.

Der bulgarische Künstler Christo (geb. 1935) schuf eine moderne Variante der Steinblockskulpturen, indem er diese Steine in Blau-, Lila- und Rosatönen bemalte. Dieses auffallende Kunstwerk in der Wüste von Marokko entstand nicht durch die Anordnung von Steinen, sondern durch die Anordnung von Farben.

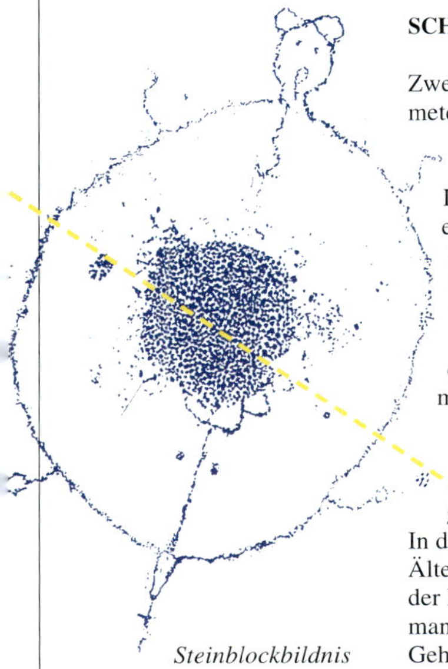

Steinblockbildnis einer Schildkröte aus Manitoba.

SCHRECKENSWEGE

Zwei, einige hundert Kilometer voneinander entfernte Steinblockkonstruktionen sind mit ähnlichen Legenden über den Tod eines Kriegers verbunden. Nahe Cluny in Alberta bildet eine menschliche Figur den Teil einer Linie aus Steinblöcken, die zwei Steinhügel miteinander verbindet. Es heißt, daß 1872 die Schwarzfuß-Indianer und die Blut hier gegeneinander kämpften. In den 60ern erkannte ein Ältester der Schwarzfuß in der Figur Junger Medizinmann einen Blut, der von Gehend mit einem Skalp, einem Schwarzfuß, getötet wurde. Die Steinhügel markieren angeblich die Plätze, wo das Duell begann und endete, und die Steinblöcke bezeichnen den Weg der Krieger. Die Figur ist der Platz, wo Junger Medizinmann fiel.

Der Gipfel des Snake Butte in Süddakota weist eine ähnliche Anordnung auf und ist als Ort bekannt, an dem ein Sioux-Krieger einen Arikara verwundete, der jedoch fliehen konnte und vielleicht abstürzte. Die Steinhügel bezeichnen die Kampfplätze und den Sterbeplatz, die Steinblöcke stehen für die Blutstropfen. Nahe dieser 800 Meter langen Konstruktion findet sich das Bild einer Schildkröte, die das heilige Symboltier des Siegers gewesen sein soll.

Moose Mountain, Saskatchewan

Wie auch die meisten anderen „Medizinräder", die von prähistorischen Völkern im nördlichen Hochland der USA und Kanadas (S. 112–113) aus Felsblöcken angelegt wurden, ähnelt das große Steinbildnis am Moose Mountain in der kanadischen Provinz Saskatchewan einer Darstellung der Sonne. Der ursprüngliche Zweck dieser und ähnlicher Gebilde läßt sich kaum erschließen. Manche der Steinblockkonstruktionen sind sehr alt; bei Ausgrabungen am Steinhügel von Majorville in Alberta stellte man fest, daß die Stätte mindestens 4500 Jahre alt ist.

Das Steindenkmal am Moose Mountain hat eine auffallende Parallele zum Medizinrad von Big Horn in Wyoming (siehe nächste Seite unten und S. 112), zu dem es ja die Theorie gibt, daß es ein riesiger Kalender für astronomische Erscheinungen gewesen sein könnte. Bei beiden Steinkonstruktionen ist eine „Speiche" des Rades etwas länger als die übrigen und zeigt vermutlich an die Stelle des Horizonts, an der zur Sommersonnenwende die Sonne aufgeht. Wenn die Speichen bewußt so plaziert wurden, kann man davon ausgehen, daß auch die anderen Speichen am Moose Mountain mit Himmelskörpern in Zusammenhang stehen. Ob das so ist, läßt sich nicht leicht feststellen, da in früheren Jahrhunderten die Bahnen der weiter entfernten Sterne von der Erde aus betrachtet deutlich anders verliefen als heute. Es ist jedoch gut möglich, daß die Speichen ursprünglich auf besonders helle Sterne oder Planeten ausgerichtet waren.

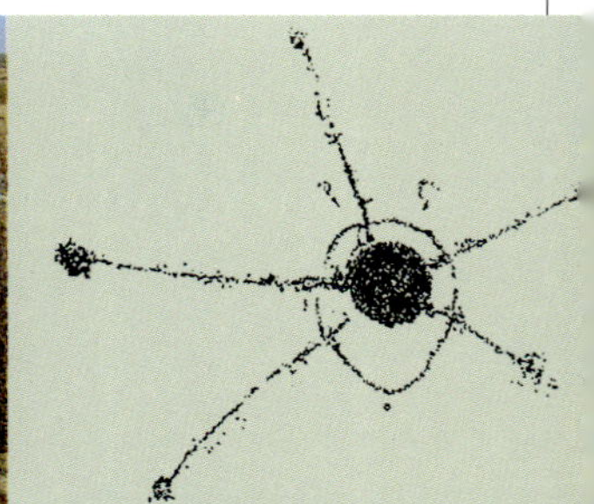

Am Moose Mountain (oben und oben rechts) gehen von einem großen Steinhügel in der Mitte des Rades fünf 15 bis 30 Meter lange „Speichen" weg. Jede Speiche endet bei einem kleineren Steinhügel von einem bis zwei Metern Durchmesser. Die noch erhaltenen, mündlichen Überlieferungen der Prärie-Indianer geben kaum Hinweise darauf, daß die Räder tatsächlich astronomischen Zwecken dienten, dennoch legt die Anordnung der Steinblöcke am Moose Mountain und in den Big Horn Mountains sowie anderer Medizinräder die Vermutung nahe, daß die Stern- und Planetenbahnen in der alten indianischen Religion eine wichtige Rolle spielten.

Hervorstechendstes Merkmal des Medizinrads am Moose Mountain ist der Steinhügel in der Mitte; er hat einen Durchmesser von 6 Metern und besteht aus mindestens 60 Tonnen Felsen. Um ihn herum wurde ein Steinkreis angelegt.

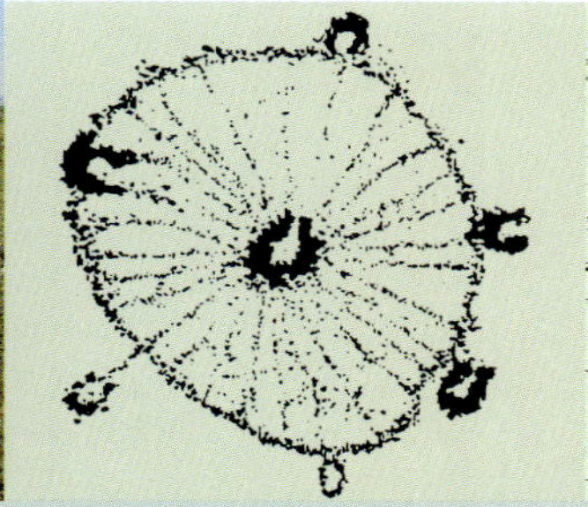

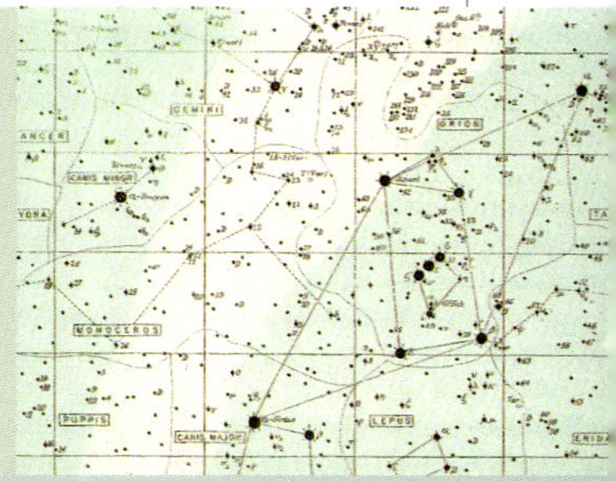

Das eindeutigste Zeichen für die astronomische Bedeutung des Medizinrades am Moose Mountain ist die Ausrichtung der längsten Speiche (oben) auf den Lichteinfall bei Sonnenaufgang zur Sommersonnenwende.

Zur Felsblockkonstruktion in den Big Horn Mountains (oben) gehört, wie auch beim Rad am Moose Mountain, eine Reihe kleinerer Hügel am Rand des Kreises. Der Astronom John A. Eddy entdeckte, daß die Anordnung der äußeren Hügel im Verhältnis zur Kreismitte praktisch gleich wie am Moose Mountain ist.

Die Theorie, daß das Medizinrad am Moose Mountain ein Himmelskalender ist, stützt sich auf Veränderungen in den Sternbildern in den letzten 2000 Jahren. Wenn das Rad zwischen 1 und 1000 n. Chr. entstand, wäre eine Speiche auf den aufgehenden Sirius, den hellsten Stern des Sternbildes Großer Hund, ausgerichtet gewesen (oben).

Menhire

Zur Wiedererrichtung dieses 187 Tonnen schweren Menhirs in Plabennec in der Bretagne waren 400 Personen nötig.

Aufrecht stehende Steinblöcke, die in der Umgebung ausgegraben oder von ihrem Herkunftsort mehr oder weniger weit zu Kultstätten transportiert und dort zu einem uns unbekannten Zweck aufgestellt wurden, wirken oft fast menschenähnlich. Um diese Megalithen ranken sich natürlich Volkslegenden. So gibt es etwa eine Legende aus Cornwall, der zufolge eine junge Frau zur Strafe für Tanzen am Sabbat im Steinkreis „Merry Maidens" erstarrte.

Unter „Megalithen" versteht man jede Art massiver, unbearbeiteter Steinblöcke aus vorgeschichtlichen Zeiten, die zwischen 3200 und 1500 v. Chr. in Nordwesteuropa in die Landschaft gestellt wurden. Menhire (das Wort stammt von den bretonischen Begriffen *men,* „Stein", und *hir,* „lang") sind einfache, aufrecht stehende Megalithen. Sie kommen einzeln oder in Kreisen, Halbkreisen oder anderen Formen angeordnet vor.

Viele Menhire waren so groß, daß sie das Landschaftsbild entscheidend prägten. Der Grand Menhir Brisé in der Bretagne etwa, der heute in Trümmern auf der Erde liegt, war ursprünglich 22 Meter hoch.

Menhire aus dem Felsen zu hauen, war mit den damaligen, einfachen Werkzeugen ein äußerst kunstreiches Unterfangen. Möglicherweise wurden zu diesem Zweck Holzkeile in Felsspalten getrieben und dann mit Wasser durchtränkt, so daß sie sich ausdehnten und dadurch den Spalt weiter öffneten. Eine weitere Herstellungsart kann darin bestanden haben, entlang der Bruchlinien im Felsen ein Feuer zu entzünden und

LEBENDIGE ERINNERUNG

Die alte Tradition, Megalithen als Begräbnismonumente und zu anderen Gedenkzwecken aufzustellen, hat sich in der südlichen Hemisphäre bis in die moderne Zeit gehalten.

Im 18. Jhd. ordnete der König von Ambohimanga auf Madagaskar an, zur Feier seiner Hochzeit einen solchen Stein aufzustellen. 1907 photographierte ein dänischer Kolonialbeamter auf der Insel Nias nahe Sumatra in Südostasien die Aufstellung eines Megalithen, der als Heim für die Seele des Häuptlings dienen sollte, und 1960 wurden in Madagaskar Steine zur Feier der Unabhängigkeit von Frankreich aufgestellt.

In einigen Teilen Madagaskars betrachtete man, ebenfalls noch in jüngster Zeit, solche Steine als Phallussymbole, und Frauen, die sich Kinder wünschten, versuchten Kiesel auf deren Spitze zu werfen, in der Hoffnung, daß ihre Gebete erhört würden.

GEWEIHTE STEINE

Viele alte Steinformationen wurden von der Kirche zerstört, und noch 1560 wurde auf der schottischen Insel Iona ein Kreis aus Steinen vernichtet, weil angeblich unter jedem der zwölf Steine ein Opfertoter begraben war. Andere Monumente überlebten, weil sie auf Kirchengrund standen, z.B. der Steinkreis auf dem Friedhof von Midmar Kirk in Aberdeenshire.

Der Glaube, daß stehende Steine eine Quelle von Fruchtbarkeit und heilenden Kräften sind, hat viele Menschen zu einem Besuch des Kirchhofs von La Pierre de Saint Martin in Frankreich veranlaßt, wo sie Kleidungsstücke an ein christliches Kreuz binden, das vor einem Megalithen steht.

Menhir, der nun als christliche Weihestätte dient.

dann plötzlich mit kaltem Wasser zu löschen. Der Transport der Menhire war ebenfalls äußerst mühsam.

Die beeindruckendsten Megalithdenkmäler befinden sich in Carnac in der Bretagne, wo einst über 3000 prähistorische Menhire standen. Ähnliche Menhirfelder finden sich in etwas kleinerem Umfang im Südwesten Englands (beispielsweise rund 60 stehende Steine bei Dartmoor) und sogar in Südostasien. Manche Megalithreihen enden in kreisförmigen oder rechteckigen Steinanordnungen, andere in einem rechtwinkelig angefügten Abschlußstein. Möglicherweise sollten diese Schlußsteine das Entweichen der Totengeister verhindern. Eine ähnliche Vorstellung findet sich in Indonesien, wo innerhalb der Tempelpforte niedrige Schlußmauern errichtet wurden, damit die Geister, die sich nur geradlinig fortbewegen können, im Tempel bleiben.

Der Zweck der prähistorischen Steinmonumente ist ungewiß, und es ist auch nicht leicht, die verschiedenen Deutungen zu beurteilen, die von astronomischen Bräuchen über Fruchtbarkeitsriten bis zu Weihestätten eines Muttergöttinkults reichen. Die Menhire verwitterten zwar im Lauf der Jahrhunderte, doch zur Zeit ihrer Errichtung war wahrscheinlich jeder Stein eigens gestaltet. Noch heute vermeint man gelegentlich tierische oder menschliche Gesichtszüge in der Oberfläche zu erkennen. Aus diesem Grund vermuten manche Fachleute, daß einige Steine Götterbildnisse waren.

Dieser Versuch einer Rekonstruktion der Steindenkmäler in Carnac in Frankreich stammt aus dem 19. Jhd.

Die großen Kreise

Der Ring von Brodgar auf Orkney umfaßte ursprünglich 60 Steine.

Die neolithischen Steinkreise auf den windgepeitschten Mooren und Wiesen im Nordwesten Europas haben einen so engen Bezug zur Landschaft, daß man glauben könnte, sie seien aus dem Boden gewachsen. Sie wirken wie riesige Freilufttempel oder rituelle Einfriedungen. Warum sie errichtet wurden, ist rätselhaft, es gibt aber Theorien, denen zufolge sie heidnischen Opferriten, Druidenzeremonien oder dem Muttergöttinkult dienten.

Der Steinkreis von Callanish auf Lewis, einer Insel der äußeren Hebriden vor der schottischen Küste, stellt in Verbindung mit der Landschaft einen riesigen Mondkalender dar. Wenn der Mond am südlichsten Punkt seines 19jährigen Zyklus angelangt ist, scheint er, von dieser prähistorischen Stätte aus gesehen, den Horizont entlangzuwandern. Der große Steinkreis von Stonehenge in Südengland (S. 122–123) hat ebenfalls mit den Gestirnen zu tun: Vom Kreismittelpunkt aus betrachtet, geht die Sonne am Tag der Sommersonnenwende genau über dem Endstein außerhalb des Kreises auf. Warum diese Anordnung so wichtig war, ist jedoch unklar. Wie ein britischer Techniker nach der Vermessung Hunderter Megalithstätten feststellte, hängen alle Steinkreise Großbritanniens auf irgendeine Weise mit den Mondphasen zusammen, in manchen Fällen fanden sie vielleicht für die Berechnung der Gezeiten Verwendung. Auf jeden Fall steht fest, daß diese Monumente früher außerordentlich wichtig waren, denn es muß für die wenigen, verstreut lebenden Bewohner ungeheuer mühsam gewesen sein, die gewaltigen Megalithen herbeizuschaffen und aufzurichten. Diese Menschen müssen einen mächtigen Beweggrund für ihr Tun gehabt und fast missionarischen Eifer an den Tag gelegt haben.

Callanish auf der schottischen Insel Lewis ist wegen seiner Ausrichtung nach dem Mondzyklus berühmt.

Auch nachdem der Zweck der Stätten lang in Vergessenheit geraten war, blieben sie im Zentrum des Interesses und gaben zu Disputen Anlaß. Die Römer verwendeten den Steinkreis von Maumbury in Dorset als Amphitheater, und um die Mitte des 17. Jhds. suchten während des englischen Bürgerkriegs die parlamentarischen Truppen dort Zuflucht. Mitten im Ring von Avebury entstand ein Dorf (S. 120–121), das heute um die Vereinigung der Gegensätze zwischen dörflicher Wirtschaft, Tourismus und Schutz des Denkmals ringt.

Die jungsteinzeitlichen Ringe von Maumbury in der Nähe von Dorchester in Südengland.

DIE ROLLRIGHT-STEINE

Auf einem Kalksteinhügel in Oxfordshire stehen die Reste eines großen Steinkreises, bekannt als die Rollright-Steine (oben). Durch Erosion sind viele der Kalksteintafeln zerbrochen, andere wurden für Gebäude verwendet. Jedoch ist der Kreis, mit einem Durchmesser von nahezu 30 Metern und einer Höhe von 2 Metern, erhalten geblieben. Über diesen geheimnisvollen Kreis gibt es eine Reihe von Legenden. William Camdens *Britannia* zufolge, veröffentlicht im 17. Jhd., glaubte die dort ansässige Bevölkerung, daß es sich bei den Steinen um eine Gruppe von Rittern und ihren König handelte. In einem Bericht verwandelte eine Hexe den König in den Königsstein, einen großen Monolithen (23 Meter) des Kreises, und die Ritter in den Kreis selbst. Zur Zeit der Tudor hieß es, daß dies ein bekannter Ort für Hexentreffen war.

Avebury, Südengland

In Avebury in den Marlborough Downs in der südenglischen Grafschaft Wiltshire steht auf einer kleinen Erhebung ein gewaltiges neolithisches Steinmonument. Ein Teil des Dorfes liegt im Inneren des Denkmals. Das Monument, das zwischen 2600 und 2300 v. Chr. geschaffen wurde, besteht aus zwei Teilen: einem Graben mit Ringwall sowie mehreren Megalithkreisen und anderen Menhiren. Das Ausheben des Grabens muß äußerst mühsam gewesen sein, denn es mußten rund 200000 Tonnen Kreideschutt mühsam mit Hornpicken entfernt werden. Die 40 Tonnen schweren Menhire wurden von der rund drei Kilometer entfernten Avebury Down herangeschleift.

Der Graben ist im wesentlichen noch intakt, die Menhire jedoch nahmen im Lauf der Jahrhunderte durch die Hand der Bewohner beträchtlichen Schaden. Schon im 14. Jhd. wurden Steine umgestoßen und vergraben – vielleicht, weil die mittelalterlichen Kirchenoberen den heidnischen Tempel mißbilligten. Unter der Kante eines Steins wurde das Skelett eines Mannes aufgefunden, der noch drei Münzen aus dem 14. Jhd. bei sich hatte.

Die Zerstörung des Monuments erreichte Anfang des 18. Jhds. ihren Höhepunkt, so daß Mitte des 19. Jhds. nur noch 20 der ursprünglich fast 200 Steine aufrecht standen. Genauere Kenntnisse über Avebury kann man sich daher nur durch alte Karten in Verbindung mit neueren Grabungsfunden und geophysikalischen Untersuchungen verschaffen.

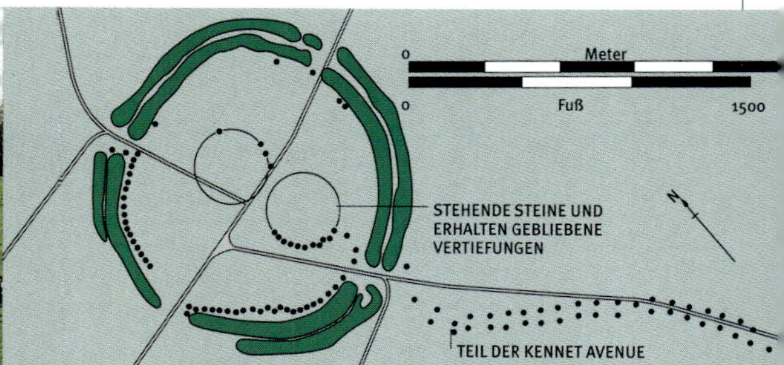

Das Kreismonument von Avebury hat rund 430 Meter Durchmesser und ist fast sechs Meter hoch. Der zehn Meter tiefe und 20 Meter breite Graben ist durch einen schmalen Wall abgegrenzt. Die Einfassung hat vier Eingänge – beim hier abgebildeten nordwestlichen Zugang führt ein erhöhter Dammweg über den Graben.

Der Steinkreis von Avebury hat einen Durchmesser von über 165 Metern und bestand aus mindestens 98 riesigen Blöcken, von denen 27 erhalten sind. Im Inneren befinden sich zwei kleinere Kreise mit je 104 Metern Durchmesser. Der südliche Steinkreis bestand aus mindestens 34 Steinen, von denen fünf erhalten sind. Im Kreis befand sich auch ein riesiger Monolith, der im 18. Jhd. entfernt wurde. Im Nordkreis sind nur noch vier der ursprünglich mindestens 26 Steine erhalten.

Der kreisförmige Graben von Avebury ist tief in die Landschaft von Wiltshire eingeschnitten. Das Monument bestand ursprünglich aus Graben, Wall und Steinen sowie Megalithstraßen, die in die Hügel und Täler der Umgebung führten, heute dagegen ist es von Bäumen gesäumt, und Straßen führen hindurch. Das Dorf Avebury mitten im Monument dehnte sich vor langer Zeit auf die Wiesen im Westen aus. Eine schmale, kurvige Baumreihe zieht sich den Bach Winterbourne entlang vom Dorf zum kegelförmigen Hügel Silbury Hill (S. 106–107), der aus dem Schachbrettmuster der Felder herausragt.

Einer weitverbreiteten Aufassung nach war Avebury einer alten Erdgöttin gewidmet. Die Anhänger des Göttinkults versammeln sich hier, um durch Meditation Gleichklang mit der Natur zu finden.

Die fast 15 Meter breite Kennet Avenue (oben) führt von Avebury nach Südosten zum früheren Heiligtum, einem kleinen, nicht mehr erhaltenen Steinkreis. Jedes Steinpaar besteht aus einem hohen, schlanken und einem kleineren, breiteren Pfeiler – vielleicht stellen sie ein heute in Vergessenheit geratenes Symbol (eventuell Mann und Frau) dar.

Die Beckhampton Avenue bestand aus stehenden Steinen und führte ursprünglich vom Eingang des Monuments zu einem Fluß. Sie wurde 1800 zerstört, nur das kleine Megalithmal „Cove“ steht noch am Rand der Avenue. Die beiden noch erhaltenen Steine (oben) werden heute liebevoll Adam und Eva genannt.

Stonehenge, Südengland

Die Reste des großen neolithischen Steinmonuments Stonehenge auf der Salisbury Plain in Wiltshire geben einen Hinweis darauf, wie das Denkmal in seiner letzten Phase aussah. Im Lauf der Jahrhunderte war es mehrmals umgestaltet worden. 3000 v. Chr. war es nur ein einfacher Graben mit Wall; aber ab ca. 2100 v. Chr. hatte es Avebury den Rang als wichtigste Ritualstätte Englands abgelaufen.

Schon sehr früh galt das Monument als eine Art Kalender. Vor einiger Zeit konnte man feststellen, daß der nordöstliche Zugangsweg, der in einen „Abschlußstein" außerhalb mündet, mit dem Sonneneinfall zur Sommersonnenwende übereinstimmt. Das galt als Hinweis auf einen Sonnenkult, und es ist gut möglich, daß es früher auch eine Steinlinie gab, die auf die Wintersonnenwende verwies. Der amerikanische Astronom Gerald Hawkins brachte in den 60er Jahren die Theorie vor, daß Stonehenge ein Instrument zur Vorhersage der Sonnen- und Mondfinsternisse war.

In der zweiten Bauphase wurden 80 Pfeiler aus blauem Tonsandstein vom 385 Kilometer entfernten Preseli-Gebirge im Südwesten von Wales herbeigeschafft. Der Transport erfolgte wahrscheinlich über das Meer und den Fluß Avon. Der Berg, von dem es stammt, galt möglicherweise als heiliger Ort.

Die Theorie, daß auf dem sogenannten Altarstein, einem behauenen Block in der Mitte des Kreises, Opferriten ausgeführt wurden, läßt sich kaum untermauern. Vielleicht ist der Block schlicht ein umgestürzter Menhir.

Stonehenge am Ende des 19. Jhds. vor der Wiedererrichtung zahlreicher Steine, wie etwa des schiefen Blocks in der Bildmitte.

Der im 19. Jhd. gegründete Druidenorden bei der Feier der Sommersonnenwende. William Stukeley ging schon um 1720 davon aus, daß Stonehenge ein Druidentempel gewesen war. 1905 wurden hier über 600 Druidenpriester in ihr Amt eingesetzt, und bis vor kurzem wurde hier die Sommersonnenwende als Hauptfest des druidischen Jahrs begangen.

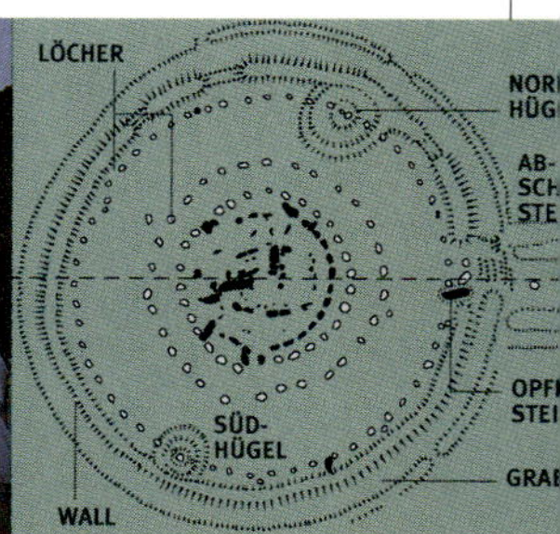

Plan der gesamten Anlage von Stonehenge. Der älteste Teil besteht aus dem äußeren Graben mit Wall, der um 3000 v. Chr. errichtet wurde. Darin entstanden fast 1000 Jahre später die Menhiranordnungen. Im Monument fand man auch zahlreiche Grabstätten, es besteht jedoch kein unmittelbarer Hinweis auf hier dargebrachte Menschenopfer.

Die Kreise und Erhebungen rund um Stonehenge bilden eine eigene spirituelle Landschaft.

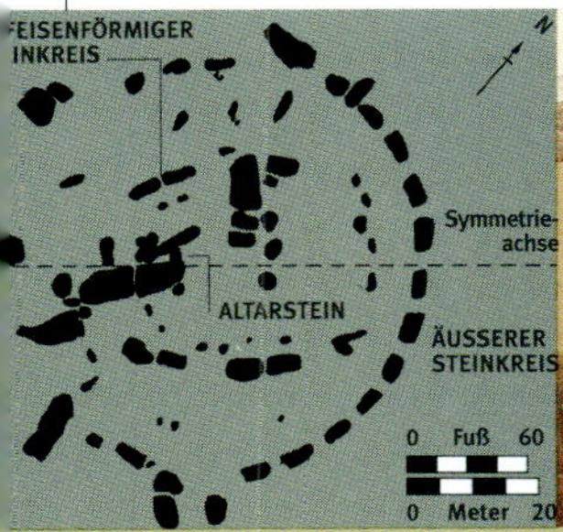

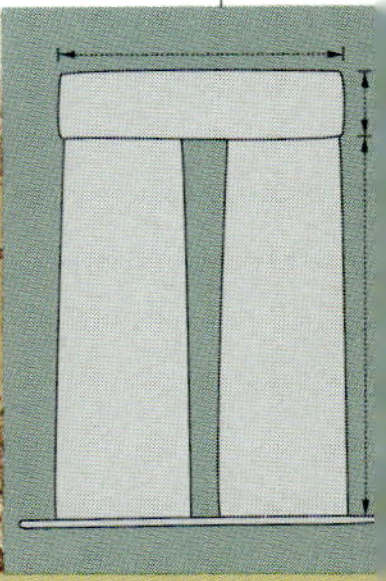

Das Innere des Monuments nach der Wiederherstellung. Viele Steine waren umgefallen oder weggebracht worden. Elf wurden geradegerichtet, sechs wieder aufgestellt. Nur sieben Megalithen blieben unversehrt. Der äußere Steinkreis umfaßte ursprünglich 30 Blöcke mit Querbalken, innen befand sich ein Hufeisen aus fünf Trilithen (rechts).

In diesem Bild aus dem 18. Jhd. sollte das ursprüngliche Aussehen von Stonehenge in seiner Blütezeit bei einem großen Druidenfest nachempfunden werden. Wie viele andere prähistorische Denkmäler wurde Stonehenge zunächst den alten Briten zugeschrieben, in Wahrheit stand der Bau aber schon, als die Kelten nach Südengland vordrangen.

Trilithen bestehen aus zwei senkrechten Steinpfeilern mit einem quer darüberliegenden Block. Die fünf Trilithen in der Mitte von Stonehenge wurden geglättet und durch Zapfenverbindungen stabilisiert. Der Mitteltrilith (oben) ist der größte der fünf, er ist drei Meter breit und über acht Meter hoch.

Verlorene Megalithkulturen

Reste einer prähistorischen taula *auf Menorca (*taula *bedeutet im hier gesprochenen Katalanisch „Tisch"). Der Zweck dieser ungewöhnlichen Bauten ist unbekannt, vielleicht hatten sie religiöse Bedeutung.*

Auf den Balearen und in Sardinien findet man rätselhafte Megalithreste bronzezeitlicher Kulturen, die im zweiten vorchristlichen Jahrtausend im westlichen Mittelmeer ihre Blüte erreichten. Diese alten Kulturen entstanden vermutlich unabhängig voneinander, in beiden Fällen schufen aber begabte Meister imposante Gebilde aus kunstvoll behauenen Granit-, Kalk- oder Basaltblöcken, für die kein Mörtel verwendet wurde.

Auf Mallorca und Menorca standen früher Tausende Kalktürme. Diese sogenannten *talayots* zeugen von einer Zivilisation, die sich offenbar bis zur Römerzeit hielt. Viele der Türme wurden durch die Ausweitung der Landwirtschaft zerstört. Die noch erhaltenen Bauten bilden meist Gruppen von Türmen, die oft von einer Mauer umgeben sind und wie Festungen wirken. Ihr ursprünglicher Zweck ist rätselhaft. In manchen finden sich Kammern im Inneren der dicken Wände, aber nicht in allen. Man vermutet, daß die Türme entweder zur Verteidigung gegen Angreifer dienten oder Begräbnisstätten waren – oder einfach Grundmauern längst verfallener Gebäude. Auf Menorca stehen die *talayots* meist in einer Steineinfassung neben einer *taula,* einer großen, aufrecht stehenden, behauenen Steinplatte, auf

SU NURAXI

Einst überragte ein einzelner, mit Steinen bedeckter Hügel die Ebene von Su Nuraxi nahe dem Dorf Barumini im Süden Zentralsardiniens. Nach einem gewaltigen Unwetter spülte Flutwasser den Erdboden weg und enthüllte, daß der Hügel tatsächlich ein gewaltiger *nuraghe* war, flankiert von vier großen und verschiedenen kleineren Türmen. Das Bauwerk stand inmitten Dutzender kleiner, meist runder Gebäude.

Archäologische Ausgrabungen lassen vermuten, daß Su Nuraxi über eine Zeit von mehreren Jahrhunderten erbaut worden war: der Hauptturm ca. 1500 v. Chr., die Flankentürme um 1200 v. Chr., die Mauer um 900 v. Chr. und die übrigen Gebäude später. Untersuchungen belegen, daß die Siedlung im 6. Jhd. v. Chr. von den Karthagern zerstört wurde.

der eine zweite, waagrechte Platte liegt, so daß ein T-förmiges Gebilde entsteht. Einer häufig geäußerten Annahme zufolge hatten die *taulas* rituelle Bedeutung oder dienten als Stützpfeiler für Zeremonienhallen. Das Wissen über die Erbauer dieser Monumente stammt hauptsächlich von den *navetas* oder *naus,* (katalanisch für „Boote"), Steingräber in Form eines kieloben stehenden Bootes, die in der Nähe der *talayots* angelegt wurden. In den *navetas* fand man die Überreste vieler Leichname sowie Grabbeigaben, beispielsweise Keramik-, Kupfer- und Bronzegegenstände aus der frühen Bronzezeit.

Auf Sardinien findet man zahlreiche *nuraghen,* prähistorische Kegeltürme aus großen Blöcken aus vulkanischem Basalt oder Granit. Einer allgemein anerkannten Theorie zufolge standen die rund 7000 *nuraghen* der Insel vor allem im südlichen Landesinneren und im Nordwesten, sie wurden zwischen 1500 und 400 v. Chr. erbaut. Es steht fest, daß sie bewohnt waren, denn sie enthalten Kammern mit flacher oder gewölbter Decke und Wendeltreppen, die in die oberen Stockwerke führen. Die *nuraghen* dienten vermutlich Verteidigungszwecken. Die größten Türme haben rund 15 Meter Durchmesser und sind um die 20 Meter hoch. Die Mauern sind bis zu 4,5 Meter dick. Im Inneren wurden Werkzeuge, Waffen und Hausrat gefunden. Bei den anderen Fundgegenständen könnte es sich um Kultgegenstände handeln.

Die Naveta d'es Tudons auf Menorca, eines der ältesten überdachten Gebäude Europas.

Machu Picchu, Peru

Im Zuge der Ausdehnung des Inka-Reichs im 15. Jhd. n. Chr. wurde hoch über dem Flußtal des Urubamba eine Reihe kleiner Zitadellen errichtet, die von der peruanischen Inka-Hauptstadt Cuzco aus 100 Kilometer nach Nordwesten führten. Eine dieser Städte war Machu Picchu, eine Siedlung mit Steinpalästen, Tempeln und Häusern, die auf einer sattelförmigen Stufe zwischen den Gipfeln des Huayna Picchu („Neuer Picchu“) und des Machu Picchu („Alter Picchu“) erbaut wurde. Die Stadt ist praktisch auf allen Seiten von schroffen Abhängen begrenzt.

Machu Picchu besteht aus einem äußeren und einem inneren Bereich. Letzterer ist durch ein einziges Tor zugänglich und war vermutlich ein Sakralbezirk, denn die hier aufgefundenen Bauten dienten dem Anschein nach einem religiösen Zweck. Eines dieser Gebäude steht auf einem aufragenden Granitfelsen, der im Inneren des Bauwerks zu einer Art Altar behauen ist. Darunter wurde in einem natürlichen Felsüberhang eine Grotte geschaffen, in der eine Reihe von Inka-Mumien gefunden wurden.

Die abgeschiedene Lage und die Kultstätten in der Stadt gaben bereits zu vielen Theorien Anlaß. So wird etwa vermutet, daß Machu Picchu eine religiöse Zufluchtsstätte der Acclas („auserwählten Frauen“) war, einer elitären Gruppe von Verehrerinnen des Sonnengottes Inti. In der Stadt wurden rund 170 reich ausgestattete Grabmale entdeckt, von denen 150 für Frauen bestimmt waren.

Machu Picchu wurde großteils aus weißem Granit errichtet. Um diesen nicht leicht bearbeitbaren Baustoff in einem so schwierigen Gelände einsetzen zu können, arbeiteten die Baumeister nach dem Prinzip, nach oben hin immer kleinere Steine zu verwenden, so daß sich die Wände verjüngen und nach innen neigen. Die Stadt wurde nach weniger als 100 Jahren aufgegeben, als das Inka-Reich den spanischen Eroberern in die Hände fiel.

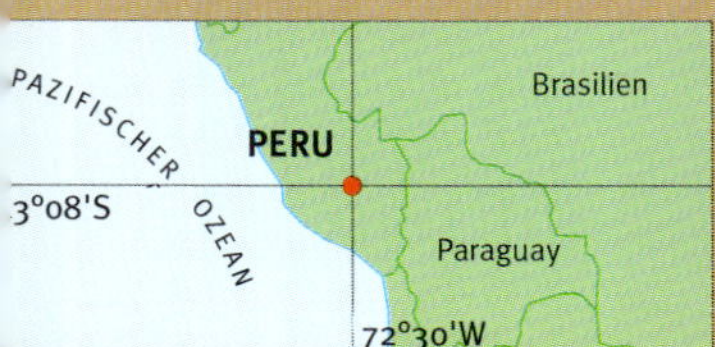

Von allen Türen und Fenstern der Stadt aus blickt man auf das spektakulär abfallende Tal des Flusses Urubamba. Die Steinmetze der Inka formten die Granitblöcke mit Steinhämmern zu äußerst präzise behauenen, unregelmäßigen Bausteinen, die ohne Mörtel ineinandergefügt wurden.

Die spanischen Eroberer drangen nie in das entlegene Machu Picchu vor. Die Stadt war daher noch erstaunlich gut erhalten, als der Archäologe Hiram Bingham sie 1911 wiederentdeckte.

Trotz des steil abfallenden Geländes wurden bis ins Stadtzentrum hinauf über 300 Meter weit Feldbauterrassen angelegt (oben und ganz links). Die erhaltenen Mauern sind 3,5 Meter hoch und stehen in Abständen von drei Metern zueinander.

Der riesige Altar „Torreón" wurde mit großem Geschick aus einem massiven Granitüberhang gehauen. Das geschichtete Mauerwerk und die behauenen Stufen sind dem umgebenden Raum und dessen verwinkelter Grundfläche bestens angepaßt.

Inti-Huatana, *die „Sonnenfessel", erhebt sich zwei Meter hoch über den Felsen der Haupttempelanlage. Solche Monolithen findet man auch in anderen Inka-Tempeln. Sie waren Stätten des Sonnenkults oder Sonnenobservatorien. Nur dieser Monolith blieb erhalten, die anderen wurden von den Spaniern zerstört, weil sie als heidnisch galten.*

Die Pyramiden

Mitte des dritten vorchristlichen Jahrtausends erlebte Ägypten eine Blütezeit; eines der Anzeichen dafür sind die zahlreichen königlichen Grabpyramiden am Westufer des Nils. In diesen Pyramiden wurden die mumifizierten Leichname der Herrscher (Pharaonen) bestattet, damit sie von hier aus die Reise ins Jenseits beginnen konnten. Textinschriften im Inneren der Pyramiden geben Anhaltspunkte dafür, warum die Pyramiden in eben dieser Form und Größe erbaut wurden. Man glaubte, der Geist des verstorbenen Herrschers benutze die Strahlen der Sonne, die in der Pyramidenform nachempfunden wurden, um zum Himmel hinaufzugelangen.

Im 13. Jhd. v. Chr. wurde die gewaltige Wirkung dieser Bauwerke dadurch beeinträchtigt, daß der geglättete, weiße Kalk, mit dem die steilen Seitenwände der Pyramiden ursprünglich bedeckt waren, abgetragen und anderswo als Baumaterial eingesetzt wurde. Dennoch beeindrucken die Pyramiden nach wie vor als Wahrzeichen großartiger Baukunst und Stätten spiritueller Energie.

Die „Nischenpyramide" von El Tajin in Mexiko enthielt 365 Nischen, die mit den 365 Tagen des Sonnenjahrs zu tun haben dürften.

Die Pyramiden von Gizeh mit der Sphinx.

Die architektonische Grundform, aus der die ägyptischen Pyramiden entstanden, ist die einfache Mastaba, ein umbauter, viereckiger Platz, unter dem die Grabkammern der Toten lagen. Vor fast 5000 Jahren entwarf der berühmte Architekt Imhotep während der Herrschaft des Pharaos Djoser aus der Dritten Dynastie für die Bestattung des Königs von Sakkara eine völlig neuartige Grabstätte: er schichtete sechs Mastabas in abnehmender Größe übereinander, so daß eine Stufenpyramide entstand. Im Lauf der nächsten 500 Jahre wurden die Pyramiden immer höher gebaut und die Seitenwände mehr und mehr geglättet, bis unter dem Pharao Cheops die berühmteste ägyptische Pyramide bei Gizeh in den Wüstensand gesetzt wurde.

In Mesopotamien wurden zwischen Ende des dritten und dem ersten Jahrtausend v. Chr. Millionen Ziegel gebrannt und mit Bitumen bestrichen. Daraus fertigte man pyramidenförmige Kosmossymbole, die sogenannten Ziggurats. Darunter versteht man Stufen-

DIE KRAFT DER PYRAMIDE

Im Mittelalter betrachteten Sternenkulte, die ihre Rituale in Kammern der Pyramide von Gizeh abhielten, dieses riesige Bauwerk als Quelle der Weisheit. In den 70er und 80er Jahren unseres Jahrhunderts stieg im Westen das Interesse an esoterischen Theorien, und viele Personen versuchten sich die angebliche Kraft der Pyramiden nutzbar zu machen, indem sie ihre eigenen Pyramiden bauten, ob nun aus Pappe, Plastik oder anderem modernen Material. In dem Glauben, daß die innere Form der Pyramide das Geheimnis ihrer Kraft enthielt, setzten sie sich darunter, meditierten oder unterzogen sich bestimmten Therapien. Der tschechische Radioingenieur Karel Drbal erklärte, daß innerhalb der Pyramide angebrachte Rasierklingen 200 Rasuren lang scharf blieben und meldete dies als Patent an. Andere waren überzeugt, daß Gemüse unter einer pyramidenförmigen Box länger frisch blieb oder trocknete, ohne zu verderben.

Bei dieser religiösen Zeremonie in Brasilien dient die Pyramide zur Bündelung von spiritueller Energie.

pyramiden, deren Eckpunkte nach den Himmelsrichtungen ausgerichtet sind. Vom Erdgeschoß führt eine Treppe zum Schrein an der Spitze. Ziggurats gelten als Symbole des Urhügels, der dem alten Glauben zufolge schon bestand, als Himmel und Erde am Anfang der Schöpfung voneinander getrennt wurden. Insofern könnten die Ziggurats als Sitz der Götter gegolten haben.

Neben den Pyramiden des Nahen Ostens sind auch jene in Mittelamerika weithin bekannt. Diese wurden meist aus Erde errichtet und mit Steinen ausgekleidet. In der Regel handelt es sich um Stufenpyramiden mit einer Plattform oder einem Tempelbau an der Spitze. In der mexikanischen Maya-Stadt Chichén Itzá, die zwischen Ende des 10. und dem 13. Jhd. ihre Blütezeit hatte, steht zum Beispiel die 25 Meter hohe Castillo-Pyramide. Sie hat neun Terrassen, die die neun Unterwelten des Kosmos der Maya symbolisieren. Ganz oben befindet sich ein einfacher, rechteckiger Tempel. Die Priester erstiegen die steile Treppe der Pyramide, um den Göttern Opfer darzubringen. Hier wurden auch Flachreliefs gefunden, die bärtige Männer, eventuell Priester des Schlangengottes Quetzalcoatl, darstellen.

Kriegsgefangene der Azteken, die auf der Tempelpyramide der Sonne geopfert werden.

Die Cheopspyramide, Gizeh, Ägypten

Die Pyramide des Pharaos Khufu (Cheops) steht in der Wüste auf einem alten Königsfriedhof, der in der Zeit der Vierten Dynastie (ca. 2613–2494 v. Chr.) bei Gizeh in der Nähe des heutigen Kairo errichtet wurde. Das Bauwerk besteht aus massiven, über zwei Tonnen schweren Kalkblöcken, die von Steinmetzgruppen behauen und von einem nahegelegenen Steinbruch zur Baustelle gezogen wurden. Wie der griechische Geschichtsschreiber Herodot (ca. 485–425 v. Chr.) berichtet, betrug die Bauzeit der Pyramide 30 Jahre. Generationen von Arbeitern verlegten mehr als zwei Millionen Steinblöcke, um die ursprünglich 147 Meter hohe Pyramide auf einer quadratischen Grundfläche mit 230 Metern Seitenlänge zu errichten.

Über das Leben des Pharaos Cheops ist nur wenig bekannt, sein Name jedoch findet sich auf Bauwerken in ganz Ägypten; und seine Bediensteten bauten rund um seine Pyramide Tempel und Grabstätten für sich selbst.

Wie alle ägyptischen Könige wurde auch Cheops als Gott verehrt, viele Menschen trugen Amulette mit der Inschrift seines heiligen Namens. Die Herrschaft Cheops' galt noch in der Zeit der Ptolemäer 2000 Jahre nach seinem Tod als bedeutend, seine Pyramide war jedoch weniger angesehen. Sie wurde – vermutlich zur Zeit des Zerfalls des alten Königreichs um 2181 v. Chr. – aufgebrochen und geplündert. In den folgenden Jahrhunderten wurden Steine der Pyramiden oft als Baumaterial für neue Monumente verwendet.

Die Sphinx-Statue, die einen Löwen mit Menschenkopf darstellt, war möglicherweise als Wächterin über die Pyramide Chephrens gedacht.

Das Bild von Cheops' Grabmal mit seiner streng geometrischen Form wurde auf der ganzen Welt zum Symbol für heroisches Aufbegehren gegen den Tod, für die Anmaßung der Lebenden, den Fortbestand der Zivilisationen, für unwiederbringlich vergangene Glaubensformen und die geistige Kraft abstrakter Geometrie.

Im Inneren der Pyramiden führen mehrere schmale Gänge zu den Grabkammern, außerdem ließ der moslemische Kalif Mamun im 9. Jhd. einen Tunnel hineingraben.

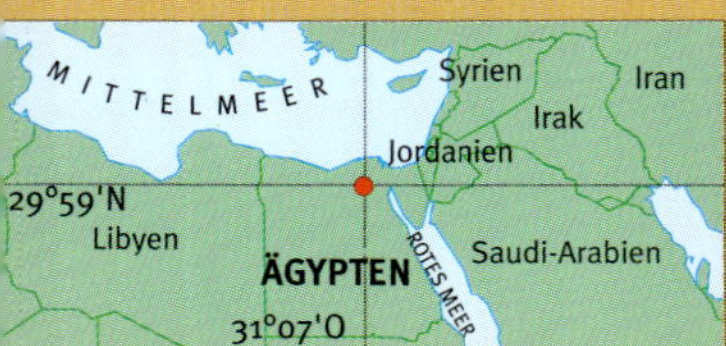

Von den sieben Weltwundern der Alten Welt sind nur noch die Pyramiden von Gizeh erhalten. Da die Kalkblöcke zum Teil herausgebrochen wurden, sind die Pyramiden heute um rund neun Meter niedriger als zum Zeitpunkt der Fertigstellung.

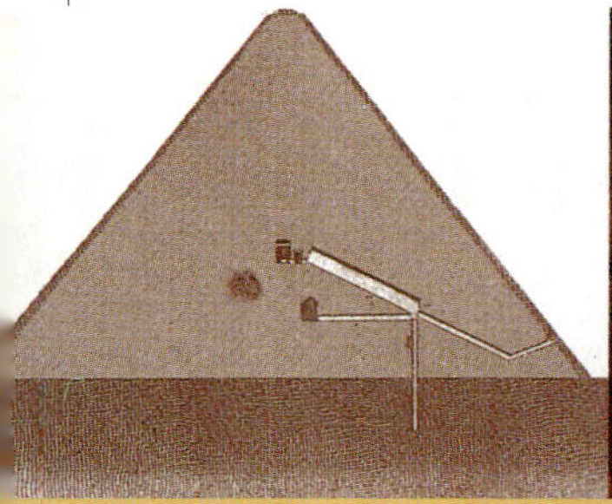

Hinter dem Eingang zur Pyramide führt ein Gang abwärts zu einer Kammer, die als Grabstätte vorgesehen war. Vor ihrer Vollendung änderten die Baumeister offenbar ihre Pläne und bauten einen Gang nach oben. Dann schufen sie einen dritten Gang, der fast bis zur Mitte des Bauwerks führt. Dort wurde Cheops schließlich begraben.

Der Weg zum Eingang der Grabkammer des Pharaos Cheops ist ein massiv gebauter, 47 Meter langer und fast neun Meter hoher Korridor mit Kragsteingewölbe. In der Grabkammer wurde der mumifizierte Leichnam des Pharaos bestattet.

Auch die Freimaurer beschwören die Macht der Pyramiden, die auf dem Freimaureremblem (oben) abgebildet sind. In den Geheimlehren stehen Pyramiden für Leben und Auferstehung. In der Pyramide verbinden sich das Dreieck als Symbol für kosmische Dreiheiten wie Geburt, Leben und Tod und das Viereck als Symbol der vier Richtungen des Alls.

Welten aus lebendigem Stein

In den Tälern der zentralanatolischen Region Kappadokien, die früher reich an Vulkanasche waren, entstand durch die Erosion ein gespenstisches Ödland mit seltsam anmutenden Kegelgebilden, die manchmal einzeln stehen, manchmal aber auch in Gruppen vorkommen. Der erste Ausländer, der von dieser abgelegenen, fremdartigen Region berichtete, war im 18. Jhd. vom französischen Hof ausgesandt worden und schrieb damals von „Pyramidenhäusern". Später bestätigten auch andere Reisende, daß in die Kegel Höhlen gegraben worden waren, in denen Troglodyten (Höhlenbewohner) hausten. Diese Menschen versuchten mühsam, in den wasserreichen, aber unfruchtbaren Tälern ein Auskommen zu finden. Noch ungewöhnlicher als die Wohnstätten, Viehställe und Taubenhäuser im Gestein sind allerdings die zahlreichen, in den Fels gehauenen Kirchen und kleinen Kapellen sowie die engen, kahlen Zellen, in denen vor tausend Jahren Mönche und andere christliche Einsiedler lebten, die ihr Leben der Einsamkeit und dem Gebet widmeten.

Die künstlich geschaffenen Felshöhlen zeigen die Sehnsucht nach Einheit des menschlichen Geistes mit dem uralten Leib der Erde. Im indischen Ajanta schufen Generationen frommer Buddhisten zwischen dem 2. und dem 5. Jhd. v. Chr. heilige Orte, indem sie Tempel in die Felsen gruben und mit Szenen aus dem Leben Buddhas ausge-

In das verwitterte Vulkangestein in Kappadokien wurden Wohnhöhlen gegraben.

DIE KLAUSE DES SÄULENHEILIGEN NIKETAS

Der gewölbte Eingang in einen ausgehöhlten Kegel an den Abhängen des Güllü Dere in Kappadokien führt in eine kleine Kapelle. Die Wände der Kapelle sind bedeckt mit Bildern von Heiligen und Aposteln, der Jungfrau mit Kind und der Kreuzigung. Dort findet sich auch eine Widmung an einen Mönch namens Niketas. Wie der Hl. Symeon, dessen Bildnis sich in der Nähe befindet, war Niketas ein Säulenheiliger (Stylit), ein christlicher Asket, der auf einer Säule (griech. *stylos*) lebte.

Über der Kapelle, nahe der Kegelspitze, entdeckte man eine kleine Kammer. In diesem engen Raum, der ein eingeritztes Kreuz an der Decke trägt, soll Niketas vor 1 000 Jahren auf seiner Säule gelebt haben. Die Kammer war von innen nur über eine Leiter, von außen nur über in den Fels geschlagene Tritte, die zu einer Öffnung in der Kegelspitze führten, zugänglich.

Der Säulenheilige aus der Sicht eines Künstlers.

stalteten (S. 134–135). Ende des 6. Jhds. errichteten Hindus auf der Elefanteninsel im Hafen von Bombay einen großen, dem Gott Schiwa geweihten Höhlentempel. Die Säulenhalle des Haupttempels führt zu einem Linga, dem phallusförmigen Symbol des Gottes (S. 22–23). In abgelegenen Regionen Nordchinas wurden im 4. Jhd. n. Chr. im Zuge des massiven Aufschwungs des Buddhismus ähnliche Bauwerke errichtet. In der Nähe des Maichischan („Kornmietenberg") wurde an der Stelle eines natürlichen Hügels, der als Totenschrein Buddhas gilt, ein Höhlentempel geschaffen. Im Lauf der Jahrhunderte wurde die Gesteinsoberfläche immer weiter ausgehöhlt; die neu geschaffenen Kammern reichen von kleinen Nischen bis zu Säulenhallen mit gewölbter Decke. Durch Erdbeben oder infolge der Verwitterung des leicht bröckelnden Felsens stürzten einige Schreine ein.

Häuser, die in die Felsen der jordanischen Stadt Petra gehauen wurden.

Eine der eindrucksvollsten Höhlenkirchen ist ad-Dayr („das Kloster") in der jordanischen Sandsteinstadt Petra. Die Kirche wurde in der byzantinischen Zeit aus der unvollendeten Fassade eines Felsengrabs geschaffen.

Felsentempel in der alten Stadt Petra in Jordanien. Die erhaltenen Teile dieses überwältigenden Bauwerks stammen hauptsächlich aus der Zeit zwischen 100 v. Chr. und 150 n. Chr. Die klassische Fassade zeugt von den engen Handelsbeziehungen mit der hellenistischen Welt.

Ajanta, Zentralindien

Die 29 Höhlentempel im zentralindischen Ajanta wurden in einer engen Windung des Tals des Flusses Waghora in den Felsen gehauen. Die Bauwerke wurden von Buddhisten geschaffen, die sie zwischen dem 2. Jhd. v. Chr. und dem 5. Jhd. n. Chr. als Rückzugsort benützten. Viele der Höhlen von Ajanta haben geschnitzte Eingangspforten mit Säulen und Skulpturen im Inneren. Am beeindruckendsten sind jedoch die Fresken auf Wänden und Decken.

Für die Gemälde wurden immer dieselben Farbpigmente verwendet. Die jeweiligen Bildmotive sind verschiedenen Teilen des Raumes zugeordnet: Buddhabildnisse findet man in der Nähe der Vorkammern und Schreine, *Jatakas* (Erzählungen über Buddhas frühere Inkarnationen) schmücken den Hauptsaal. Die Decken sind mit geometrischen Ornamenten bemalt, dazwischen befinden sich verschlungene Tier- und Pflanzenmotive als Symbol für den Paradiesgarten. Diese vereinigende Darstellung deutet auf eine durch und durch ganzheitliche Sicht des Alls hin. Eine Szene auf einem Gemälde aus dem 1. Jhd. v. Chr. zeigt einen Prinzen mit seinem Gefolge auf dem Weg zu einem heiligen Baum, wo Musikanten für ein fröhlich tanzendes Paar aufspielen. Auf einem anderen Bild sieht man einen von schönen Frauen umgebenen Prinzen. Auf den ersten Blick wirken beide Bilder sehr weltlich, obwohl das erste ein religiöses Ritual zeigt und das zweite davon handelt, daß der Prinz die weltlichen Freuden hinter sich läßt und von nun an als Einsiedler leben wird.

Der Schnitt durch einen der Tempel (oben) zeigt den ausgeklügelten architektonischen Aufbau des Gebäudes, das in die Felswand gehauen wurde. Die Tempel wurden 1824 entdeckt, als sie bereits 1500 Jahre nicht mehr benützt worden waren. Zu diesem Zeitpunkt blieben von den in leuchtenden Farben bemalten Rückzugsorten nur noch dunkle, feuchte Höhlen; sie waren von Pflanzen überwachsen und von Vandalen heimgesucht worden. Bewohnt waren sie nur noch von Tieren.

Die Maler von Ajanta verwendeten für ihre Bilder natürliche Ockerfarben und Lapislazuliblau. Manche Gemälde sind eher schlichte Darstellungen des predigenden Buddha, andere aber stellen auf sehr sinnliche Weise Szenen aus seinen früheren Leben und Jakata-Erzählungen dar, in denen prunkvoll gekleidete, anmutige Menschen auftreten.

James Alexander, Leutnant der 16. britischen Kavallerie, berichtet von der Entdeckung Ajantas im Februar 1824: „Mit gezückter Pistole erkletterten wir den Ast eines Baumes, um in die oberen Kammern zu gelangen, wo wir in der Mitte des Fußbodens des einen Raumes die Reste eines jüngst entzündeten Feuers fanden und ringsherum die Spuren großer Füße. In der Ecke befand sich das vollständige Skelett eines Menschen. In zahlreichen Kammern des unteren Geschoßes entdeckte ich Pfotenabdrücke von Tigern, Schakalen, Bären, Affen, Pfauen und so weiter. Diese waren im herabgefallenen Staub der Gipsfresken an der Decke gut sichtbar.“

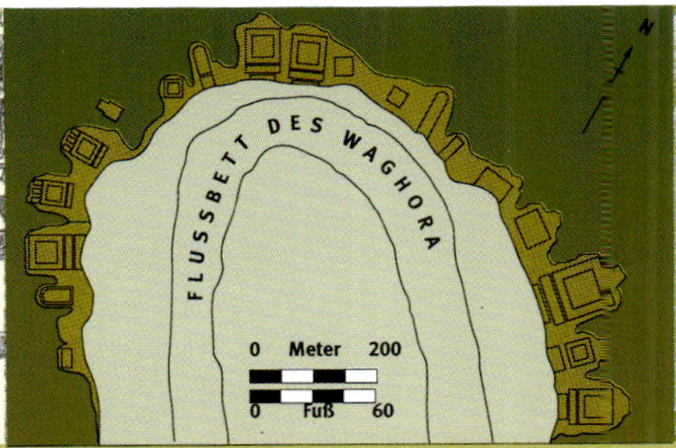

Der Türrahmen des Eingangs zu Höhle Nummer sechs (oben) ist mit fein geschnitzten Figuren, Blatt- und Tierornamenten geschmückt. Hinter der Tür liegt der niedrigere Schrein.

Die Höhlen erstrecken sich um den halbrunden Felsen, der zum Fluß Waghora abfällt. Die Felswand ist rund 80 Meter hoch. Die Höhlen wurden eine neben der anderen in das Gestein gehauen; sie liegen zehn bis 30 Meter über dem Flußbett. Sie wurden zur Erleichterung der archäologischen Untersuchungen von rechts nach links fortlaufend numeriert.

Die Statue oben stellt Nagas dar; diese halbgöttlichen Schlangenwesen sollen in herrlichen juwelengeschmückten Palästen der Unterwasserstadt Bhagavati leben. Der hier abgebildete Naganaja gilt als oberster Naga.

Unterirdische Tempel und Gräber

Die Römer begingen in dunklen Höhlen und unterirdischen Räumen Rituale zu Ehren des alten persischen Lichtgottes Mithra. Die Kultstätten lagen deshalb unter der Erde, weil dem alten Glauben zufolge Mithra von einem Felsen kommend, mit Schwert und Fackel ausgerüstet, einen großen Stier in einer Höhle getötet und dann Frieden mit der Sonne geschlossen hatte. Die Tötung des Stieres galt als Symbol für die Entstehung des Lebens nach dem Tod im dunklen Schoß der Erde; Blut und Leichnam des Stieres wurden als Quelle aller Tiere und Pflanzen betrachtet. Die Mithräen (Mithratempel) waren stets düstere Räume, in denen sich die Vorstellungen von Leben und Tod, Licht und Dunkelheit, Himmel und Erde verbanden: Der Stier war in Form einer Altarschnitzerei zugegen, auf die Decke waren Sonne, Mond und Sterne aufgemalt. Die Gläubigen versammelten sich im Mithräum und verzehrten Fleisch und Blut eines Opferstieres, um dadurch Unsterblichkeit zu erlangen.

Rechteckige Grabnischen im Felsengrab von Mada'in Salih in Saudi-Arabien.

Dem Mithrakult zufolge war das Ende eines Menschenlebens der Beginn einer Reise im Gleichklang mit den Rhythmen der Natur. Dieser Glaube fand in den Begräbniszeremonien verschiedenster Völker Ausdruck.

Die Hoffnung auf ein Leben nach dem Tod zeigt sich deutlich anhand der Gestaltung und Lage mancher Grabkammern. Vor 2000 Jahren wurden in der heutigen Republik Zentralafrika ovale Grabhügel errichtet, auf denen Menhire standen. Die Gräber befanden sich stets in der Nähe von Quellen, damit es die Toten nicht weit zum Wasser hatten. Im irischen Newgrange (S. 138–139) wurde im dritten vorchristlichen Jahrtausend in der Nähe des Flusses Boyne ein großes Grabmal so angelegt, daß zur Wintersonnenwende ein Lichtstrahl kurze Zeit durch eine Öffnung über dem Eingang fällt – vielleicht sollte den Toten so der dunkelste Tag des Jahres erhellt werden.

Ein früher Ausdruck des christlichen Totenkults findet sich in den Katakomben, in denen am Todestag und an anderen Gedenktagen den Verstorbenen mit einer Eucharistiefeier gedacht wurde.

Das Innere des Aztekentempels von Malinalco, der im 15. und 16. Jhd. n. Chr. von Gläubigen aus dem Felsen gehauen wurde.

SCHIFFSBESTATTUNGEN

Vielen Kulturen zufolge müssen die Toten den letzten Teil ihrer Reise in die Heimat ihres Lebens nach dem Tode in einem Boot zurücklegen, wobei sie manchmal auf Figuren wie Charon treffen, den grimmig aussehenden Fährmann, der in den griechischen Mythen die Toten über den Styx in die Unterwelt geleitet. In einigen Kulturen wurden Boote als Grabbeigaben verwendet. Neben den Gräbern ägyptischer Könige und Edelleute wurden manchmal Boote aus Zedernholz bestattet, in der Hoffnung, daß sie so den Sonnengott auf seiner täglichen Reise über den Himmel begleiten können. Könige und Häuptlinge der Angelsachsen und Wikinger wurden manchmal innerhalb eines Bootes bestattet. Bei Ausgrabungen in den späten 30er Jahren entdeckten Archäologen auf einem niedrigen Hügel bei Sutton Hoo an der Küste von Suffolk ein Schiffsgrab der angelsächsischen Periode. Das Schiff (bzw. der übriggebliebene Abdruck) war über 82 Meter lang. Obwohl man keinen Körper fand, enthielt das Grab einen ungeheuren Schatz an Gold, Silber, Bronze, Eisen und Edelsteinen, die Waffen, Rüstungen, Kleidung, eine Leier, Trinkflaschen und andere Gegenstände verzierten. Es war klar, daß es sich um das Grab einer hochgestellten Persönlichkeit, vielleicht eines Königs, handelte. Man vermutet, daß es sich um das Grab des Rædwald (gest. ca. 624 n. Chr.), eines Königs der Ostangeln, handelt.

Rekonstruktion eines Helmes, der in Sutton Hoo gefunden wurde.

EINRICHTUNGEN FÜR DIE TOTEN

Einige Begräbnisplätze spiegeln durch ihre Lage in der Wildnis das Eingebundensein des Körpers in den Kreislauf der Natur wider, andere bilden eine eher künstliche Welt als letzten Ruheplatz für die Verstorbenen.

Die Moguln-Kaiser Indiens wählten kunstvoll angelegte Gärten als Bauplätze für opulente Pavillons. Wenn der Kaiser starb, wurden diese Pavillons zu Gräbern und die Gärten der Öffentlichkeit zugänglich gemacht, damit sie den toten Herrscher ehren konnte.

Dieses Kammergrab in Pentre Ifan in Südwales liegt abgeschieden in der kargen Landschaft.

Der Garten des Taj Mahal, 1631–1653 für die Gattin eines Moguln-Kaisers erbaut, repräsentiert das Paradies am Tage der Auferstehung. Über dem Eingangstor findet sich der Satz: „Dies ist der Garten Eden, tritt ein, um für immer zu leben!"

Mit der zunehmenden Urbanisierung im 20. Jhd. bekamen Friedhöfe häufig die Bedeutung von Grün- und Naturflächen innerhalb einer Stadt. Etwa der Waldfriedhof außerhalb von Stockholm, der als Reaktion auf die rapid zunehmende Bevölkerung der schwedischen Hauptstadt von Gunnar Asplund (1885–1940) entworfen worden war. Um etwas vom Geist einer eher romantisierten Vergangenheit einzufangen, bezog Asplund den natürlichen Pinienbestand in seinen Entwurf ein und ließ sich bei den Grabstätten von der Klassischen Welt inspirieren. Die etwas abseits gelegene Kuppe eines Hügels sollte zur Meditation dienen.

Newgrange, Irland

Newgrange ist ein massives Kammergrab oder Ganggrab, das vor mehr als 5000 Jahren an einer Flußbiegung des Boyne im irischen County Meath erbaut wurde.

Im Inneren das Grabes führt ein enger Gang zur Hauptkammer, die in ein bienenkorbförmiges Kragsteingewölbe mit drei abgeflachten, kreuzförmig wegführenden Kammern mündet. In der Nähe wurden auf dem Boden des Grabmals Knochenreste von mindestens vier Personen aufgefunden. Zwei der Toten waren eingeäschert worden.

Irgendwann in der Vergangenheit waren die Seitenwände des Grabes eingestürzt, so daß der Eingang nicht frei zugänglich war. Unweit davon entdeckte man die Überreste von Wohnstätten mit Feuerstellen, die Ende der Jungsteinzeit oder Anfang der Bronzezeit gebaut worden waren.

1972 fand Professor M. O'Kelly eine „Dachkiste“ über dem Eingang. Dabei handelt es sich um einen Aufbau, der so angelegt wurde, daß am Tag der Wintersonnenwende ein Lichtstrahl auf das dreiteilige Spiralmuster in der Grabkammer fällt, das sich über 180 Meter entfernt im Inneren befindet.

Newgrange war anscheinend auch noch zur Zeit der Kelten eine bedeutende Stätte, denn man fand im Grab römische Münzen, Gold und andere Schmuckgegenstände, die im römischen Stil gefertigt waren. Die prähistorischen Grabhügel heißen in den irischen Mythen und Sagen *Sídhe,* Feenhügel. Sie gelten als Wohnort von Feen und Naturgottheiten.

Der Hügel aus Torf und Steinen über dem Grab von Newgrange erhebt sich fast elf Meter hoch über die Umgebung, sein Durchmesser beträgt um die 90 Meter. Auf dem Boden rund um den Hügel wurden 97 eng aneinandergelegte, grob behauene Steine plaziert; der größte Stein ist fast fünf Meter lang. Ursprünglich waren sie das Fundament einer rund drei Meter hohen Steinmauer.

Newgrange ist eines der wenigen Megalithdenkmäler, bei denen ein eindeutiger Zusammenhang mit astronomischen Gegebenheiten besteht. Die Mittelkammer wird am Morgen des Tags der Wintersonnenwende von einem Lichtstrahl erhellt, der durch einen Spalt über dem Eingang fällt.

Das 5 000 Jahre alte Grab von Newgrange gleicht einer steinernen Festung. Die kleinen Hügel und Mulden rund um das Monument weisen auf andere prähistorische Stätten und somit auf die möglicherweise große kultische Bedeutung dieses Landstrichs hin.

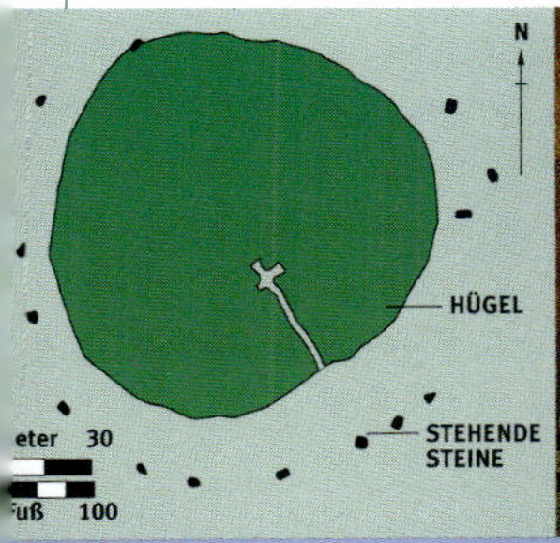

Wie der Plan zeigt, ist Newgrange von einem Kreis aus Menhiren umgeben. Zwölf der ursprünglich 35 Steine sind noch erhalten, der größte von ihnen ist rund 2,5 Meter hoch. Es ist nicht bekannt, ob der Steinkreis zur selben Zeit wie der Grabhügel errichtet wurde; vielleicht stand er mit einem älteren Torfhügel an dieser Stelle in Zusammenhang.

Hinter dem massiven Eingangsstein führt ein 19 Meter langer und einen Meter breiter Gang (oben) weg. Er besteht aus senkrechten Steinpfeilern und 17 massiven Deckensteinen. Die zwei Steinblöcke neben dem Eingang sind über sechs Tonnen schwer. Der Gang steigt zur Kammer hin allmählich von eineinhalb auf zwei Meter Höhe an.

Viele Steine in und um das Grab von Newgrange sind mit geometrischen Formen verziert. Der Grabeingang (oben) liegt hinter einem großen Randblock mit Ornamenten in Form von Spiralen, Rauten und konzentrischen Bögen. Die Spirale könnte die Wanderung der Seele vom Tod zum ewigen Frieden und zur Wiedergeburt symbolisieren.

Ninstints, Queen Charlotte Inseln

Das unbewohnte Dorf Ninstints liegt in einer geschützten Bucht auf Anthony Island, einer Insel der Queen Charlotte Inseln vor der kanadischen Pazifikküste. Das seefahrende Volk der Haida besiedelte diese Inseln vor mindestens 7000 Jahren.

Ninstints war der Hauptort der Kunghit-Haida, die im südlichsten Teil dieser Region lebten. In der Sprache der Haida heißt das Dorf aufgrund des reichen Vorkommens an Dorschfischen Sqa'ngwa-i lnaga'i (Inselstadt Roter Dorsch). Der heute gebräuchliche Name des Dorfes ist eine Verballhornung des Namens des letzten Häuptlings, Nanstins (Der Eine, der Zwei Ist), durch die Europäer.

Zu den Kunghit-Haida gehören zwei Gruppen, die Adler und die Raben, die jeweils aus mehreren Clans mit unterschiedlichen Traditionen, Mythen und Symbolen bestehen. Zeugnis davon geben die verschiedenen Totempfähle, die in Ninstints gefunden wurden. Der erste Clan, mit dem die Europäer in Kontakt kamen, war der Clan mit dem Namen „Die zum Gesang der siegreichen Stadt Geborenen".

Als die Europäer im 19. Jhd. nach Nintstints kamen, gab es auf den Inseln noch weitere 30 bis 40 Dörfer. Allerdings ging die Bevölkerung aufgrund einer Pockenepidemie binnen zehn Jahren stark zurück, außerdem wurde die ursprüngliche Kultur durch die Tätigkeit der Missionare sowie durch Maßnahmen seitens der Regierung stark in Mitleidenschaft gezogen. Ab 1880 war Ninstints unbewohnt, nur zwei Haida-Dörfer bestanden weiter.

Die Haida errichteten Begräbnispfähle, auf denen die sterblichen Überreste der Clanmitglieder in Zedernkisten beigesetzt wurden.

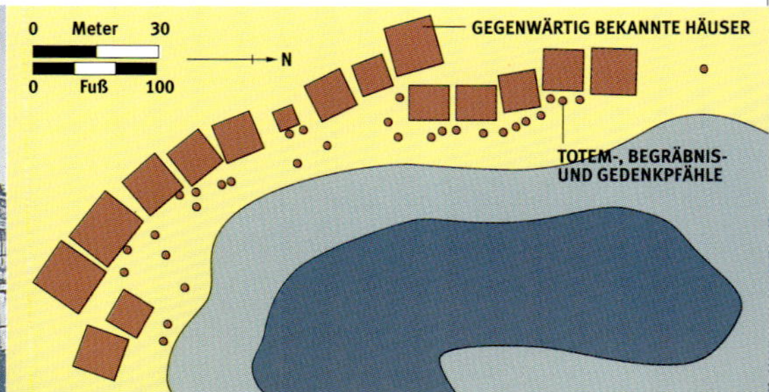

Diese archäologische Rekonstruktion des Ortsplans von Ninstints zeigt die Anordnung der Gebäude mit den dazugehörigen Totempfählen. Außer den Begräbnispfählen errichteten die Einwohner auch Gedenkpfähle mit dem typischen Kopfschmuck der Bewohner, die während ihrer Abwesenheit vom Dorf verstorben waren. Jedes Haus trug einen eigenen Namen; das südlichste hieß „Die Menschen denken auch im Schlaf an dieses Haus, weil der Meister jeden nährt, der ihn anruft". *Ninstints wurde als Stätte kulturellen Erbes von außergewöhnlichem Wert anerkannt.*

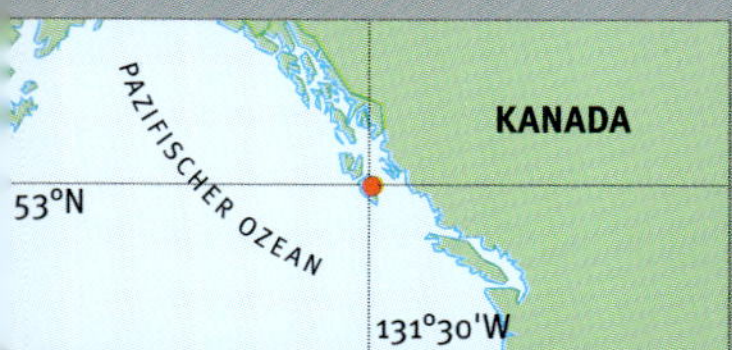

Verwitterte Totempfähle aus Zedernholz stehen heute noch vor den Überresten der Wohnhäuser in Ninstints. Die Schnitzereien auf den Pfählen stellen mythische Wesen und Totemtiere wie Bären, Raben und Adler dar.

Ninstints hatte ursprünglich über 300 Einwohner, die in rund 20 Häusern lebten. Die Wohngebäude waren große, rechteckige Rahmenkonstruktionen aus Zedernholz. Beim Hausbau wurden senkrechte Pfähle mit waagrechten Balken verbunden und mit breiten Brettern verkleidet. Das weiche, duftende, rote Zedernholz eignete sich hervorragend für Schnitzereien und als Bauholz. Es ist witterungsbeständig, läßt sich aber mit Breitbeilen und anderen Werkzeugen gut bearbeiten.

Geschnitztes Gesicht auf der Grabtruhe eines Begräbnispfahls. Die Schnitzereien stellen meist Tiere dar, die für den Clan des Verstorbenen eine besondere Bedeutung haben. Das Bild oben zeigt den Mond und den Donnervogel, das Wappenzeichen des Clans „Die zum Gesang der siegreichen Stadt Geborenen“.

Die Erde als Quelle der Weisheit

Die Erforschung der Vergangenheit ermöglicht jenen, die sich mit der Untersuchung spiritueller Landschaften befassen, eine lebendige Beziehung zu ihrem Forschungsthema. Sie können ihr Studienobjekt mit großer Bewegungsfreiheit von allen Seiten erkunden. Wenn man sich mitten in einen Steinkreis oder zwischen Felsengräber stellt, kann man sich dem Geist der Stätte öffnen und ihr Geheimnis auf sich wirken lassen.

In diesem Abschlußkapitel werden einige der Traditionen besprochen, die zu einer lebendigen Beziehung zur Erde verhelfen können. Die Schamanen etwa gewinnen aus ihrer ganzheitlichen Sicht des Alls die Kraft, Kranke zu heilen, Beutetiere aufzuspüren und in einer schwierigen Lage Auswege zu finden. Geomanten arbeiten mit unsichtbaren Kraftlinien in der Landschaft, um auf dieser Grundlage Hilfestellungen für das tägliche Leben zu geben. Kraftlinienforscher versuchen, die geheimnisvolle Anordnung magischer Orte zu entschlüsseln. Landschaftsarchitekten setzen in ihren Gärten Vorstellungen vom Paradies um. Astrologen richten den Blick über die Erde hinaus und suchen nach tieferer Einsicht in den Kosmos.

Ende der 80er und Anfang der 90er Jahre tauchten in südenglischen Getreidefeldern – meist über Nacht – Dutzende Kreise und andere Symbole auf. Heute weiß man zwar, daß viele dieser Kornkreise das Werk von Scherzbolden sind, manche Menschen behaupten jedoch nach wie vor, daß ein Teil der Gebilde durch eine rätselhafte Erdenergie entstand. Dieser Kreis auf den Marlborough Downs in Wiltshire, der am 5. August 1994 photographiert wurde, ähnelt einem mittelalterlichen astrologischen Siegel.

Schamanen und die Erde

Der südamerikanische Schamane Celso Fiallo bläst reinigende Flammen über seinen Altar, um böse Mächte fernzuhalten.

Die Schamanen des Volkes der Matsigenka, das im östlichen Hochland Zentralperus lebt, bewegen sich durch eine Landschaft, die von Geistern erfüllt ist. Sie erkennen etwa in einem bestimmten Felsen in der Nähe eines Flusses die Göttin Par'eni, die Mutter der Fische und Jagdtiere; oder sie spüren die Anwesenheit guter Geister, die auf Hügeln, in Seen oder Flüssen wohnen.

Diese besondere Beziehung zur Landschaft ist eine Grundvoraussetzung für die Fähigkeit der Schamanen, mit der Geistwelt in Kontakt zu treten. Sie können in Trance in die Erde oder zum Himmel reisen, um Geisthelfer oder Gottheiten aufzusuchen. Wenn sie in diese Jenseitswelt eingetreten sind, können sie mit Tiergeistern sprechen oder gegen böse Einflüsse ankämpfen. Nach der Rückkehr ins Diesseits haben die Schamanen darüberhinaus oft die Macht, in die Zukunft zu blicken oder Krankheiten zu heilen.

Die Schüler der Schamanen erfahren ihre Berufung meist durch eine plötzlich auftretende, unerklärliche Krankheit oder eine Phase seelischer Aufgewühltheit, manchmal auch durch seltsame, eindrucksvolle Träume. Sie bemerken, daß sie von nun an die Fähigkeit haben, sich in einen Zustand ekstatischer Trance zu versetzen, und bilden diese Gabe durch verschiedene Übungen weiter aus. Die Schamanen der Al-

PERUANISCHE HEILER

Die *curanderos* (spanisch für „Heiler“) an der Nordküste Perus erhalten ihre spirituellen Kräfte sowohl von christlichen Bildnissen und Ritualen wie auch durch das Halluzinogen Meskalin. Durch Séancen und Rituale versuchen sie die *encantos,* die Kräfte der Natur, zu kontrollieren. Der *curandero* verrichtet seine Arbeit an einem mit einer Vielzahl von Objekten bedeckten Altar (*mesa,* „Tisch“). Die linke Seite des Tisches enthält oft Objekte, die mit der Unterwelt in Verbindung stehen, etwa Tonscherben aus alten Gräbern oder Muscheln vom Meeresgrund. Die rechte Seite kann mit dem Himmel in Verbindung stehende Objekte enthalten – Heiligenbilder, Gebirgskräuter oder Kristalle. Diese Zone kann auch Steine, *cerros* (Berge) genannt, enthalten, da man Berge für eine bedeutende Quelle der *encantos* hält. In der Mitte des Tisches, wo die Heilung vollzogen wird, treffen diese gegensätzlichen kosmischen Kräfte aufeinander.

gonkin bereiten sich auf die Reise in die Geistwelt vor, indem sie weder Speise noch Trank zu sich nehmen und auf Schlaf verzichten. Die Schamanen der Matsigenka dagegen finden den Pfad in den Himmel, nachdem sie einen Trank aus der Halluzinationen erzeugenden Pflanze Ayahuasca zu sich genommen haben. In Südkalifornien erzählte ein Schamane der Paviotso, wie er in einer Höhle seine magischen Kräfte erlangte: Er versuchte gerade einzuschlafen, als er die Geräusche von Bären, Berglöwen und anderen Tieren der Bergwelt hörte. Plötzlich öffnete sich der Felsen, auf dem er lag, und ein Mann trat aus dem Spalt. Dieser unterwies ihn in Gesängen gegen Krankheiten und in der heilenden Wirkung von Federn, Hirschhufen, Adlerfedern und Tabak.

Um in Trance zu gelangen, nehmen die Schamanen in Mittel- und Südamerika oft Tränke aus Hallzuinationen erzeugenden Pflanzen wie Ayahuasca (links) und Peyote-Kakteen (rechts) zu sich.

Die Medizinmänner der Igbo beschwören die Erdgöttin Ani, indem sie Teile ihres Körpers, etwa Lehm, Baumrinde oder Blätter, zu Wahrsagungen einsetzen. In anderen Teilen Afrikas werden die Schamanenschüler monatelang in abgeschiedenen Kulthäusern in der schamanischen Kunst unterwiesen.

Ein Schmanane der Dogon im afrikanischen Mali deutet die Spuren eines Fuchses auf einer Zeichnung im Sand.

Geomantie und Feng Shui

Geomantie ist „die Wissenschaft, den Lebensraum und das Tun des Menschen in Harmonie mit der sichtbaren und unsichtbaren Welt zu gestalten“. Man nimmt an, daß die Geomantie in den meisten Kulturen schon in der Jungsteinzeit in der einen oder anderen Form bekannt war. Bei vielen Völkern spielt sie nach wie vor eine wichtige Rolle. In den städtischen Gesellschaften des Westens stieg das Interesse an der Geomantie in letzter Zeit wieder, da viele Menschen auf der Suche nach einem Leben in größerer Achtung vor den Kräften der Natur auf alte Glaubenslehren zurückgreifen.

Der Lehre der hochentwickelten, *Feng Shui* genannten chinesischen Geomantie zufolge ist die Erde von zwei starken, gegensätzlichen Kräften durchzogen: dem positiven, lebenserhaltenden *Chi* und dem negativen, gefährlichen *Sha.* Die beiden Kräfte bevorzugen unterschiedliche Landschaftsformen. Grundsätzlich gilt, daß sich böse Geister entlang gerader Strecken fortbewegen. Berge und Hügel versperren diese Wege und sind somit Zufluchtsstätten vor dem Bösen. Daher ziehen sie die positive Kraft *Chi* an. Die geeignete Stelle zur Errichtung eines neuen Hauses, einer Grabstätte oder auch einer ganzen Stadt wird vom *Feng Shui*-Meister ermittelt, der herausfinden kann, ob der Ort ein günstiges Gleichgewicht der Kräfte aufweist. Als in Hongkong in den 80er Jahren ein neuer Hauptsitz für die Hongkong and Shanghai Bank gebaut werden sollte, baten die Eigentümer zunächst einen *Feng Shui*-Meister um eine Einschätzung des Ortes und der Grundstruktur des neuen Wolkenkratzers samt seiner hochtechnischen Einrichtung.

Ein Geomant der Dogon in Mali deutet die Spuren einer Maus auf einem Raster, der den Kosmos symbolisiert.

Zur Bestimmung der Energielinien und anderer kosmischer Kräfte verwenden die Feng Shui-*Meister oft einen komplizierten Magnetkompaß mit mehreren konzentrischen Ringen (links), aus denen sie die Gegebenheiten eines Ortes ablesen.*

FENG SHUI IN PEKING

Peking wurde durch die Jahrhunderte im Einklang mit *Feng Shui* umgestaltet. Zwar wird die Stadt von Bergen geschützt, doch erforderten viele innere Strukturen einen Wechsel. So hielt man etwa die Nordtore für besonders verwundbar, da die Winde aus dieser Richtung besonders gefährlich sein sollten. Aus diesem Grund wird das Nordtor des kaiserlichen Palastkomplexes (die Verbotene Stadt) von einem künstlichen Hügel geschützt. Die nötige Balance zwischen den gegensätzlichen Kräften von Feuer und Wasser wird im südlichen Teil der Verbotenen Stadt durch einen künstlichen Wasserlauf erreicht. Er sollte das „Feuer" des Südtores neutralisieren, bevor es das „Wasser" des inneren Hofes erreichte, wo die Kräfte sich ausbalancierten.

Die Verbotene Stadt in Peking (oben) wurde nach geomantischen Grundsätzen erbaut.

Viele chinesische Geomanten beziehen ihr Wissen um die Kräfte der Erdenergie aus alten *Feng Shui*-Handbüchern. Gestalt und Anordnung von Bergen, Hügeln, Tälern und Ebenen erinnern oft an Tiere oder Körperteile. Sie geben Aufschluß darüber, welche unsichtbaren Kräfte an einem Ort wirksam sind. Steile, schroffe Landschaftsformen gelten in der Regel als männlich, sanfte Kuppen als weiblich. Ein Ort mitten in einer hügeligen Landschaft läßt sich zum Beispiel als kauernder Tiger interpretieren; er gilt als günstiger Platz zum Hausbau, wenn das Gebäude in der Nähe von Kopf oder Pranken des Tigers errichtet wird. Bergkämme können der Rücken eines Drachens sein und senden starke positive Kräfte aus. Orte, an denen diese Energie besonders intensiv ist, gelten als Lager des Drachens.

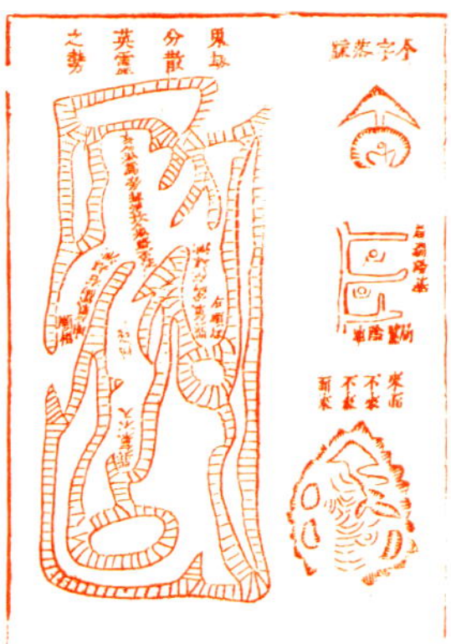

„Energiekarte" eines Ortes von einem Feng Shui-*Meister.*

Aus der Sicht eines *Feng Shui*-Meisters ist es günstig, wenn ein Ort an drei Seiten vor negativen Kräften geschützt ist. Peking etwa liegt auf einer Ebene, an die sich im Norden, Osten und Westen Berge anschließen. In der Provinz Fukien verdanken die Bewohner von Xiamen ihr gutes Fortkommen dem Schutz zweier Erhebungen, dem Drachenkopfhügel und dem Tigerkopfhügel links und rechts vom Hafen in der Stadt. Die Kräfte eines Ortes können beeinflußt werden, indem man die Landschaft verändert oder an gefährlichen, ungeschützten Stellen Pagoden errichtet. Fallweise werden ganze Gebäude zerstört oder versetzt, damit günstigere Energien entstehen. Ein Geomant aus der späten Ching-Dynastie (1644–1911) ließ so viele Gebäude zerstören, daß er den Beinamen „Sun, der das Haus niederreißt" erhielt.

Heilige Verbindungen

Die wichtigste Ritualstätte der alten Inka-Hauptstadt Cuzco war ein Sonnentempel, von dem 41 heilige Linien wegführten, die sich anhand der Lage der verschiedenen *huancas* (Stätten von religiöser Bedeutung) noch immer nachvollziehen lassen. Insgesamt gab es in der Region um Cuzco 328 heilige Linien, die den 328 Tagen des Inka-Kalenders entsprachen. Forschungen ergaben, daß manche Linien auch eine astronomische Bedeutung hatten, während andere einfach rituelle Pfade waren, auf denen die für Opferungen Auserwählten zu ihrer Todesstätte getragen wurden. Manche Wissenschaftler gehen davon aus, daß die Pfade auch rituellen Wanderungen dienten. Es heißt, daß jeden Winter Pilgerzüge einen Pfad entlanggingen, der nach Südosten in die Richtung der Sonne am Tag der Sommersonnenwende und der Sonneninsel im 320 Kilometer entfernten Titicacasee führte.

Die Kirche St. Michael de Rupe in Brentnor in Devon.

St. Michael's Mount in Cornwall.

1925 veröffentlichte der Geschäftsmann und Pionier der Photographie Alfred Watkins (1855–1935) sein Werk *„The Old Straight Track"*, in dem er die Beobachtung festhielt, daß viele alte englische Weihestätten, etwa Megalithmonumente, Kirchen, heilige Brunnen und Hügel, entlang gerader, Dutzende Kilometer langer Linien errichtet wurden. Wie Watkins herausfand, tragen viele Orte entlang dieser Linien den Namensbestandteil „ley" (Lichtung). Watkins nannte die Linien daher Leys. Seiner Theorie nach dienten sie in erster Linie praktischen Zwecken und waren in alten Zeiten eine nützliche Orientierungshilfe für Reisende. Die Leys führen über wichtige Hügel und Berge, wo als Wegweiser Signaltürme errichtet wurden. Die Anhänger Watkins', die sich in Großbritannien im „Old Straight Track Club" zusammenschlossen, gingen noch weiter und deuteten die Linien als Teil eines Netzes aus Linien voll körperlicher und seelischer Energie. Ähnlich wie die chinesischen Geomanten vertreten sie die Meinung, daß die Linien, die die irdische Landschaft durchziehen, in der Verlängerung bis zu den Sternen führen. Eine dieser Linien verläuft durch den Steinkreis Boscawen-un in Cornwall in der Nähe von Penzance, sie verbindet eine Einsiedelei auf der Insel St. Clement vor der Küste Cornwalls mit dem Sternbild Plejaden an der Himmelsstelle, an der es im September zu sehen ist.

Die Michaelskirche in Burrow Mump in Somerset.

Andere europäische Forscher widmeten sich ebenfalls der Untersuchung dieser Zusammenhänge. Josef Heinsch, der in seiner Heimat Deutschland und in der Tschechoslowakei tätig war, fand Linien, entlang derer Kirchen an Orten vorchristlicher Kultstätten erbaut worden waren. Der Franzose Lucien Richer entdeckte Anfang der 70er Jahre eine Verbindung zwischen Heiligtümern in ganz Europa, die sich von der Insel Skerrig Michael vor der Küste Südwestirlands über St. Michael's Mount in Cornwall, Mont St. Michel in Frankreich, Delphi, Athen und Delos in Griechenland bis zum Berg Karmel in Israel verfolgen läßt. Auf dieser Linie liegen bedeutende Sakralbauten, die dem Erzengel Michael oder dem griechischen Lichtgott Apollo geweiht sind. Die meisten Stätten wurden an weithin sichtbarer Stelle errichtet.

Der St. Michaels-Turm auf Glastonbury Tor.

DIE ST. MICHAELS-LINIE

St. Michael's Mount in Cornwall liegt am Anfang der durch ganz Europa führenden St. Michaels-Linie und zugleich an der längsten Kraftlinie Großbritanniens. Diese Linie entspricht auch dem Einfall der aufgehenden Sonne am ersten Mai und führt durch das Megalithmonument von Avebury in Wiltshire.

Die mittelalterliche Abtei von Bury St. Edmunds in Suffolk am östlichen Ende der oben beschriebenen St. Michaels-Linie.

WÜNSCHELRUTEN

Wünschelrutengehen ist eine der populärsten Wahrsageformen in der westlichen Welt. Das traditionelle Bild eines Wünschelrutengängers ist das einer Person, die unterirdische Wasseradern findet, indem die ausstrahlende Energie, übermittelt durch den gegabelten Stock, eine Muskelreaktion im Arm des Wünschelrutengängers auslöst. Einige glauben, daß der Ausschlag der Wünschelrute eher auf psychische als auf physikalische Energie zurückzuführen ist und eine Art „Sechster Sinn" sie befähigt, die Energie zu spüren. Sie erklären, daß unterirdische Kraftlinien und alte heilige Plätze mächtige Energie ausstrahlen, die unser Wohlbefinden beeinflussen kann, und daß alte Völker ein natürliches Gespür für diese Kräfte besaßen und daher ihre Sakralbauten an Orten errichteten, wo diese Energie am stärksten war. Wünschelrutengänger benutzen auch Karten oder Diagramme, um verlorene Objekte zu finden oder Krankheitsherde zu lokalisieren.

Ein Wünschelrutengänger bei der Ausübung dieser alten Tradition.

Neues Heidentum und New Age

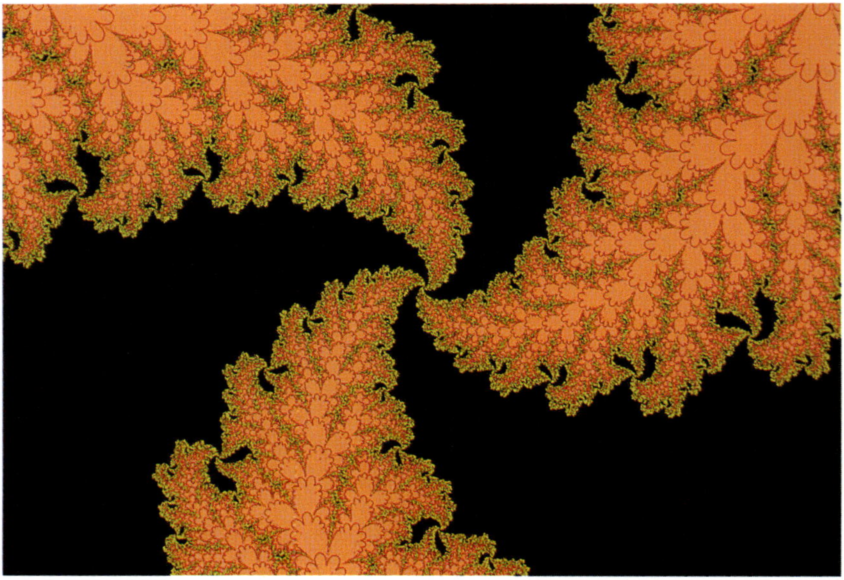

Computerbild mit dem Titel „Taking One's Leaf". *Das Programm, mit dem es erstellt wurde, zeichnet von beliebigen Anfangspunkten aus Muster, die sich immer wiederholen. Solche Programme sind vermutlich der bislang gelungenste Versuch der Wissenschaft, das Schöpfungsprinzip des Universums nachzuahmen. Manche neuheidnischen Gruppen verwenden diese Bilder als Mandalas zur Hilfe bei der Meditation.*

In den letzten Jahrzehnten kamen immer mehr Menschen im Westen zur Erkenntnis, daß die ethischen, politischen und wirtschaftlichen Grundlagen ihrer Gesellschaft die körperliche und geistige Lebensfähigkeit der Welt und ihrer Bewohner bedroht. Eine Folge dieser verstärkten inneren Suche zeigt sich seit den 60er Jahren am wachsenden Einfluß neuheidnischer Gruppierungen, die verschiedene Glaubensformen zu neuen Kulten verschmolzen, in deren Mittelpunkt die Verehrung der Erde und der natürlichen Kreisläufe steht. Die Wurzel dieser Bewegung liegt in der Romantik des 19. Jhds. und der damaligen Sehnsucht nach Einklang mit der Natur. Daraus entstand etwa das neu aufkeimende Interesse an Druiden (siehe nächste Seite).

Viele neuheidnische Religionen berufen sich auf eine verklärt dargestellte neusteinzeitliche Welt, in der die Menschen noch ganz eins mit der Natur lebten. Dieser Sichtweise zufolge brachten die alten Indoeuropäer im Zuge ihrer Wanderungsbewegung neue Traditionen in den Westen, wodurch der alte Glaube, der auf der Verehrung der Erde in Gestalt der großen Muttergöttin beruhte, nun von einer männlich dominierten, kriegerischen Götterwelt verdrängt wurde, an deren Spitze zornige Himmelsgötter standen. In der Folge geriet das alte Wissen um die Bedeutung der Natur mehrere Jahrtausende lang fast ganz in Vergessenheit.

Bei dem Versuch, sich auf ein spirituelles „neues Zeitalter" („New Age") vorzubereiten, orientieren sich die neuheidnischen Gruppen an Völkern, die den Schamanismus noch pflegen, oder an alten Kulturen, wie etwa den Kelten. Die größte neuheidnische Gruppe, die „Kirche aller Welten", konzentriert sich insbesondere auf die Verehrung einer Muttergöttin. Die Gruppe „Feraferia" verbindet die Göttinverehrung mit dem griechischen Mehrgottglauben. Die westlichen Anhänger des indischen geistigen Lehrers Sri Aurobindo wollen wiederum zeigen, daß Menschen jeder gesellschaftlichen und nationalen Herkunft in Harmonie zusammenleben können.

DRUIDEN

Julius Cäsar zufolge besaßen die Kelten eine hochverehrte Elite, die Druiden, die als Priester und Lehrer auftraten und in rechtlichen wie in spirituellen Fragen höchste Autorität besaßen. Einer irischen Quelle des 5. Jhds. n. Chr. zufolge waren sie „Künstler", religiöse Spezialisten, die von Stamm zu Stamm zogen. Möglicherweise fungierten sie als Schamanen. Etwas, das frühen Chronisten auffiel, war, daß sie natürliche Plätze – Waldlichtungen oder Haine – für ihre Rituale benutzten („Druide" leitet sich vom griechischen Wort für Eiche her). Ein großes Heiligtum auf der Insel Anglesey in Wales wurde 61 n. Chr. von den Römern vernichtet.

In den folgenden Jahrhunderten entstanden zahlreiche Legenden; so hieß es etwa, daß Stonehenge und andere jungsteinzeitliche Zentren Druidentempel waren. Tatsächlich sind sie präkeltisch; dennoch führte dieser Irrtum im 19. Jhd. in Wales zur Gründung des Druidenordens.

Architektonisches Detail aus Auroville, einer spirituellen Gemeinschaft in Indien (siehe oben).

Gärten – Landschaften des Geistes

Große europäische Gartenanlage, die der Anlage eines indischen Moguln-Palastes nachempfunden ist. In vielen westlichen Prunkgärten verbindet sich großer formaler Ehrgeiz mit dem Streben nach Exotik.

Vor über 2000 Jahren ließ König Darius der Große von Persien in der Wüstenlandschaft einen Garten voll von Bäumen, Blumen, Obstpflanzen, exotischen Vögeln und Säugetieren anlegen. Diese von Wasserläufen durchzogene Anlage galt als Paradies auf Erden, als Ort der Ruhe und des Friedens, der der Wildnis abgetrotzt wurde. Nach der Eroberung durch die Araber und der Ausbreitung des Islam fielen die persischen Gärten der Zerstörung anheim, doch die Erinnerung an sie lebte in Miniaturmalereien und gewebten Gartenteppichen fort und beeinflußte auf diesem Weg die einige Zeit später errichteten heiligen Gärten.

Wegen ihrer Brunnen (mitten in der Wüste!) galten die islamischen Gärten als Stätten des Luxus und der geistigen Erholung.

In China wurde unter der Herrschaft des Kaisers Wu aus der Han-Dynastie der Überlieferung nach ein Seengarten geschaffen, dessen Inseln den mystischen Inseln nachempfunden gewesen sein sollen, auf denen die Unsterblichen wohnen. Dieser Garten hatte großen Einfluß auf andere chinesische und japanische Gartenanlagen. Die japanischen Gärten spiegeln deutlich die Achtung vor der Natur wider, die im Schintoismus wurzelt. Die Kami, die göttlichen Geistwesen des Schintoismus, findet man der Glaubenslehre zufolge überall, sie bewohnen die gesamte Natur. Die ältesten Kami-Schreine lagen in Waldlichtungen, in denen ein heiliger Baum

In Irrgärten findet man noch Anklänge an die Suche nach geistiger Erfüllung.

FINDHORN

In den frühen 60er Jahren begann eine Gruppe von Leuten auf dem Sand- und Kiesboden eines Wohnwagenparks bei Findhorn in Schottland einen Gemüsegarten anzulegen, um ihr mageres Einkommen zu verbessern. Bald darauf erklärte eine der Personen, Dorothy Maclean, Kontakt zu etwas, das sie als „Devas" oder Naturgeister beschrieb, zu haben.

Ihr erster Kontakt, der Erbsengeist, versprach ihr angeblich, daß der Garten blühen würde, wenn die Gruppe auf die Geister der Pflanzen hören würde und ihren Ratschlägen folgte. Innerhalb weniger Jahre wuchsen dort Kohlköpfe mit einem Gewicht von 18 kg, und der Fingerhut wurde mehr als 2,5 Meter hoch. Dieses Ereignis zog Besucher aus ganz Großbritannien und wenig später aus der ganzen Welt an. Viele von ihnen waren überzeugt, daß die Früchte die Existenz von Naturgeistern bewiesen.

In den 70er Jahren wurde Findhorn eine Hauptinspirationsquelle der entstehenden New Age-Bewegung.

stand. Sie waren eingezäunt und mit weißen Kieseln ausgelegt. Damit wurde ein symbolischer Ort geschaffen, den die Kami unbehelligt betreten konnten. Im Lauf der Zeit wurden die Schreine weiter ausgestaltet, sie lagen später in Gärten, die eine idealisierte Landschaft darstellten.

Die tief empfundene Achtung der Natur, die für die japanische Kultur typisch ist, zeigt sich auch in anderen Gartenbaustilen. Die Mönche des Zen-Buddhismus schufen *karesansui,* unbewässerte Gärten, in die sie sich zum Meditieren zurückziehen konnten. Hauptelement dieser Gärten sind sorgsam angeordnete Steine, die für sich meditativ wirken und das Wesen der Landschaft auf kleinstem Raum zum Ausdruck bringen. Meist wurden sie in sorgsam gerechten Sand oder Kies gebettet, dessen Wellenmuster an Wasser erinnert (S. 33).

Gärten als Orte geistiger Sammlung, an denen man tiefe Einsichten in das Wesen der Natur gewinnen kann, findet man auch im Westen. Die Grotten der alten Römer waren wasserdurchströmt und üppig bewachsen, sie sollten den

Dieses indische Gemälde stellt einen Garten dar, der Ritualzwecken dient.

Nymphen (Naturgeistern) als Wohnstatt dienen. Im mittelalterlichen Europa hingegen lehnte man die ungezähmte Natur ab, so entstanden geometrisch angelegte Gärten, die wie Klöster von Mauern umgeben waren. Darin pflanzte man Heilkräuter ebenso wie Lilien, Rosen und andere Blütenpflanzen mit hohem religiösem Symbolgehalt. Später war die Gartenbaukunst im Westen stark von ständigen Debatten über Form, Wildnis und *genius loci* (Geist des Ortes) geprägt.

Erde und Himmel

Die ersten Astronomen, die von der Geschichtsschreibung erwähnt wurden, lebten zur Zeit der frühesten mesopotamischen Kulturen.

Einige dieser Sternforscher der Alten Welt waren vielleicht von religiöser oder intellektueller Neugier getrieben. In der Neuen Welt ist es anhand der Texte der Mayas und der Azteken jedoch klar ersichtlich, daß das Wissen über den Himmel und die Fähigkeit, komplizierte, genaue Kalender zu berechnen, den Kundigen einen heiligmäßigen Rang verliehen, der ihnen priesterliche Macht und gesellschaftlichen Einfluß verschaffte.

Eine Unterscheidung zwischen Astrologie und Astronomie gibt es erst seit dem Vormarsch der Naturwissenschaften im Europa des 17. Jhds. Die Astrolo-

Ein Astrologe und Astronom. Damals (ca. 1500) gab es noch keine Trennung zwischen den beiden Wissenschaften.

Dieses Kreismonument wurde zur Zeit der Aymara-Kultur (ca. 1000–1476) noch vor der Inka-Herrschaft in der Nähe des Titicacasees in Bolivien errichtet. Es gilt als heiliges Observatorium der Priester eines Sonnengottkultes.

Auf dieser präkolumbianischen Steinzeichnung in der Nähe von Santa Fe in Mexiko sind Totemgeister und der Hundsstern Sirius abgebildet.

gie befaßte sich mit dem direkten Einfluß der Fixsterne und Planeten auf das Geschehen auf der Erde, während die Astronomie nur Beobachtungen und Berechnungen vornahm.

Die Babylonier und andere Völker Mesopotamiens maßen der Interpretation von Omen große Bedeutung zu. Zeugnis davon geben etwa die Inschriften auf Tontafeln, die in diesen Ländern aufgefunden wurden.

Die Entdeckung des Tierkreises geht auf die Babylonier zurück; sie fanden heraus, daß die Sonne auf ihrer vermeintlichen Umlaufbahn um die Erde zwölf Sternbilder durchlief. Aus dieser Erkenntnis wurden die westlichen und die hinduistischen Tierkreiszeichen abgeleitet. Die moderne westliche Astrologie beruft sich jedoch vor allem auf das griechische System, das vor rund 2000 Jahren entwickelt wurde. Der Fachbegriff „Zodiakus“ etwa geht auf den griechischen Begriff *„zodiakos kylos“* (Tierkreis) zurück.

Sowohl den Babyloniern als auch den Griechen gelang es, den 18,6 Jahre umfassenden Sonnenfinsterniszyklus mit erstaunlicher Genauigkeit zu berechnen. Es waren allerdings die Griechen, die im 5. Jhd. v. Chr. die ersten Berechnungen der Sonnenwende und der Tagundnachtgleichen entwickelten und so die Grundlage für genaue Sonnenkalender schufen.

Die Möglichkeit, die Planetenstellungen in der Himmelssphäre im Verhältnis zu Sonnenwende und Tagundnachtgleiche zu bestimmen, war ein großer Durchbruch. Bis dahin konnten sich die Gelehrten nur an den vier Himmelsrichtungen sowie an Zenit (dem Punkt senk-

STERNENGUCKER DER NAVAHO

Wenn ein Navaho krank wird, ruft er manchmal einen Sternengucker zu sich, der ein Heilungsritual durchführt. Dabei spricht der Sternengucker zuerst mit dem Patienten, dessen Familie und Freunden und singt und betet im Hogan (Wohnhaus) des Kranken. Möglicherweise fertigt er ein Sandbild an, in dem sich ein heiliger Stern befindet und Grundzüge der Landschaft abgebildet sind. Zu einem bestimmten Zeitpunkt des Rituals verläßt der Sternengucker den Hogan und schreitet, mit einem Quarzkristall ausgerüstet, in die Dunkelheit. Dort singt und betet er allein zu heiligen Wesen, etwa der Eidechse oder zu einem Sternengeist. Dann hebt er den Kristall zum Himmel und starrt hindurch. Wenn er in die Lichtstrahlen des Kristalls blickt, hat er eine Vision über die Ursache der Krankheit in Form von Tieren, Menschen oder Licht in bestimmten Farben. Der Sternengucker ist dann in der Lage, durch diese Inspiration die richtige Behandlung vorzunehmen.

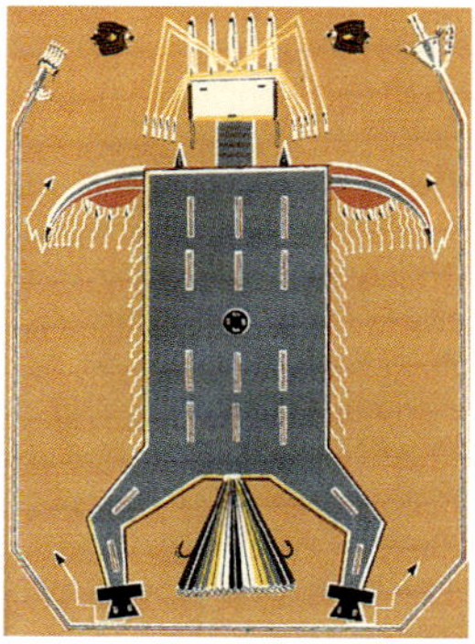

Der Donnergeist auf diesem Sandbild der Navaho gilt als Geist des „männlichen Regens“, das heißt, des Gewitters.

recht über der Erde) und Nadir (genau unterhalb) orientieren.

Aufgrund der Verschiebung der Erdachse im Lauf der Jahrtausende stimmen die Tierkreiszeichen heute nicht mehr mit den Sternbildern überein, nach denen sie benannt sind. Diese Tatsache führte zu Mißverständnissen aller Art.

Die Astrologie ist im Westen nach wie vor die beliebteste Wahrsageform.

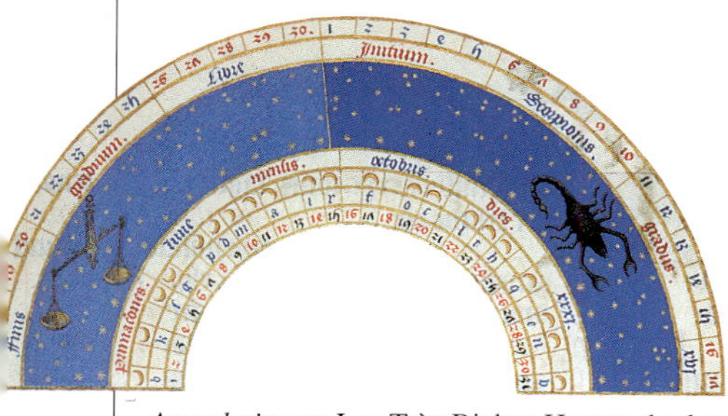

Ausschnitt aus Les Très Riches Heures du duc de Berry *aus dem 15. Jhd. In diesen Stundenbüchern wurden astronomische und liturgische Lehren miteinander verbunden.*

Allerdings verlor sie viel an Ansehen, als mit dem Aufschwung der Naturwissenschaften die geozentrische Theorie von der Erde als Mittelpunkt des Alls umgestoßen werden mußte.

Die Theologie konnte ihre Lehre mit dem neuen Bild vom Kosmos gut in Einklang bringen; in den Augen vieler Zeitgenossen (einschließlich Newtons) bedeuteten die neuen Erkenntnisse eben, daß Gott Himmel und Erde nach komplizierteren Bauplänen als bislang vermutet geschaffen hatte. Für die Astrologie, die sehr stark geozentrisch ausgerichtet ist, war das nicht so einfach. In England bezeichnete ein Gründungsmitglied der Königlichen Gesellschaft (die 1662 gegründet wurde) die Astrologie als „Beleidigung der Vernunft“, und noch im selben Jahrhundert wurden astrologische Schriften von der Regierung verboten – wenn auch vor allem aus politischen und weniger aus wissenschaftlichen Gründen.

DER SÜDAMERIKANISCHE HIMMEL

In der Weltsicht der Inka und anderer südamerikanischer Glaubensvorstellungen sind astronomische Phänomene mit spiritueller Bedeutung durchsetzt. Dies spiegelt sich zum Teil in den himmlischen Eigenschaften der Hauptgottheiten wie Inti, dem Sonnengott, und Mama Kilya, der Mondgöttin, wider. Auch die Milchstraße hielt man für bedeutsam, und die Sterne faßte man als kleinere Gottheiten auf. Besonders bedeutsam waren die Plejaden, bekannt als Collca (die „Kornkammer"), da sie die himmlischen Beschützer des Ackerbaus und der Fruchtbarkeit waren. Die Sternengruppe, die als Orqo-Cilay bekannt war, behütete angeblich die königlichen Lamaherden.

Eine zentrale Idee im Glauben der Inka sind die *ceques* oder geraden Linien, die strahlenförmig vom Sonnentempel in der Hauptstadt Cuzco ausgehen. Jede wurde von einer Reihe von *huacas,* heiligen Plätzen, gesäumt, die die heilige Richtung markierten. Vom Hauptplatz in Cuzco aus konnte man am 26. April zwischen zwei Säulen den Sonnenuntergang beobachten. Auch diese Säulen betrachtete man als heilige Plätze, und die Linie, an der sie lagen, führte zu einer heiligen Quelle mit dem Namen Catachillay, ein anderer Name für die Plejaden.

Die Inka maßen auch bestimmten „dunklen Wolken", Konstellationen aus stellarem Staub, besondere Bedeutung zu. Ihrer Anschauung nach war es das himmlische Lama, das um Mitternacht Wasser von der Erde trank, um Überflutungen zu verhindern.

„Die Sternennacht" *von Vincent van Gogh (1899). Damals schrieb der Maler, daß das Leben wahrscheinlich „Kugelform hat und viel größer als die Halbkugel ist, die wir jetzt kennen".*

Zeittafel

Der Zeitabschnitt zwischen dem Auftreten des Menschen vor rund 100 000 Jahren und der Gegenwart ist nur ein winziger Abschnitt in der Geschichte der Erde. In dieser kurzen Zeit hat die Menschheit den Planeten jedoch stark geprägt. Allein in den letzten 10 000 Jahren wurde die Natur durch die Landwirtschaft und den Städtebau deutlich verändert. Die folgende Zeittafel soll einen Überblick über die wichtigsten Kulturen geben.

KULTUREN UND KULTURSTÄTTEN: NAHER OSTEN, ASIEN, AFRIKA UND OZEANIEN

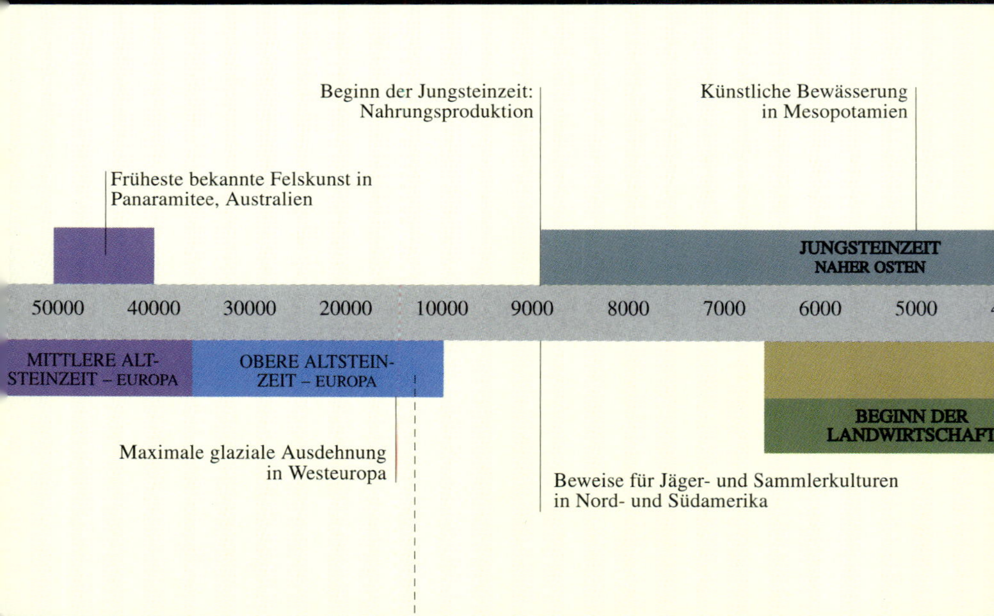

KULTUREN UND KULTURSTÄTTEN: EUROPA, NORD- UND SÜDAMERIKA

Die Höhlenmalereien von Lascaux im Südwesten Frankreichs; ca. 15000 v. Chr. (S. 98–99).

Die Cheopspyramide in Gizeh, Ägypten; ca. 2500 v. Chr. (S. 128–131).

Der Felsendom in Jerusalem; 685–691 n. Chr. (S. 24–25).

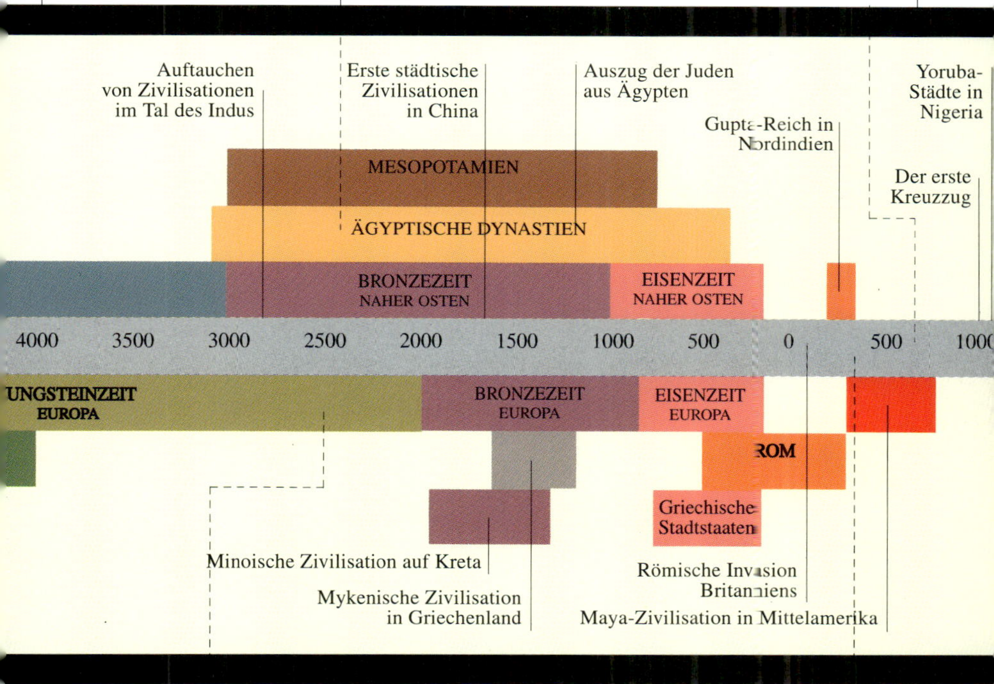

LINKS *Stonehenge, England; ca. 2500 v. Chr. (S. 122–123).*

RECHTS *Die Linien von Nazca, Peru; ca. 1–650 n.Chr. (S. 108–109).*

Naturerscheinungen

Erdbeben und Flutwellen I

Das Ausmaß der Zerstörung, die ein Erdbeben verursachen kann, ist schlicht furchterregend. Landschaften, deren Aussehen sich im Lauf der Geschichte nie verändert hat, brechen gleichsam auseinander, Hügel türmen sich auf, oder Risse durchziehen plötzlich den Boden.

Da Erdbeben oft völlig unerwartet mit großer Wucht ausbrechen, glaubte man früher, sie kämen von den Göttern und seien ein Ausdruck ihres Zornes. Im stark erdbebengefährdeten Japan etwa galten die Erderschütterungen ursprünglich als Äußerung des Sturmgottes Susano. Auch die Heimat der alten Griechen wurde (und wird) oft von Erdbeben heimgesucht. Man glaubte früher, der Bruder des Gottes Zeus, der Wetter- und Meeresgott Poseidon, würde die Erdbeben schicken. Aufgrund dieser Fähigkeit wurde dieser Gott manchmal auch Enosichton („Erderschütterer") genannt.

Durch das bekannteste Erdbeben der klassischen Mythologie wurde zum Beispiel das legendäre Atlantis zerstört. Dieser große Kontinent soll den Berichten Platos (ca. 427–347 v. Chr.) zufolge weit im Westen hinter der Straße von Gibraltar gelegen haben und 9000 Jahre vor seiner Zeit untergegangen sein. Die Herrscher von Atlantis waren dem alten Glauben nach Abkömmlinge der Götter; ihr Land erlebte jahrhundertelang Reichtum und Wohlstand, dann kam es zu einem Verfall der Sitten, und das Volk wurde streitbar und kampflustig. Plato schreibt, daß die Heerscharen von Atlantis „aus dem Atlantik kamen" und einen großen Teil Europas, Nordafrikas und Asiens eroberten. Doch dann „brach ein heftiges Erdbeben mit einer Wasserflut" aus, so unvermutet, daß Atlantis „in einem Tag und einer Nacht des Schreckens" unterging.

Es gibt zahlreiche, oft weit hergeholte Spekulationen darüber, ob es Atlantis in der einen oder anderen Form wirklich gegeben haben könnte. Plausibler scheint es, die Berichte über dieses Reich zu einer Form von Mythen zu zählen, die in vielen Kulturen verbreitet sind und vom Aufstieg und Untergang einer Welt oder eines Volkes handeln. Meist geht es darum, daß die Götter ihren Zorn über die Verderbtheit des Volkes nicht mehr zügeln können und es samt seiner Laster durch einen gewaltigen Ausbruch hinwegfegen. In diesen Geschichten rächen sich die Götter dabei häufig, indem sie Erdbeben oder andere Naturkatastrophen, wie etwa Flutwellen, auf die Menschen hereinbrechen lassen.

Erdbeben treten häufig entlang der San Andreas-Verwerfung (gegenüber) auf. Dieser lange Riß in der Erdkruste entstand, weil sich zwei Platten der Erdkruste, die Nordpazifikplatte und die Nordatlantikplatte, aneinander schoben. Das Bild zeigt eine Verwerfung auf der Carrizo Plain 430 Kilometer südlich von San Francisco. Diese Stadt wurde wiederholt von schweren Beben heimgesucht; besonders heftig waren die Erdstöße beispielsweise im Jahr 1906 (oben und S. 162).

Erdbeben und Flutwellen II

Erdbeben gelten auch als Omen, die politische oder religiöse Umwälzungen ankündigen. Das Neue Testament etwa berichtet folgendermaßen über die Todesstunde Christi: „Da riß der Vorhang im Tempel von oben bis unten entzwei. Die Erde bebte …“ (Matthäus, Kap. 27).

Schon 1819 berichteten die Bauern aus Rann von Kutch, einem Salzmarschgebiet nahe der Grenze zwischen Indien und Pakistan, von einer drei Meter hohen Auffaltung, die nach einem Erdbeben in diesem Jahr entstanden war. Sie nannten diese Falte Allah Bund (Gottes Deich).

Auch wenn man nicht religiös ist, führen einem die Erdbeben vor Augen, welchen Stellenwert der Mensch im kosmischen Gefüge eigentlich hat. Die Geschichte des Menschen ist nicht mehr als ein winziger Punkt in der Entwicklung des Universums. Erdbeben geben außerdem oft Anlaß zu grundsätzlichen Überlegungen über die Natur des Zufalls, die Vergänglichkeit und den Wert des Lebens.

Die Erdoberfläche ist ständig in Bewegung, weil sich die „tektonischen Platten“, aus denen die Erdkruste besteht, langsam, aber unaufhaltsam verschieben. Der deutsche Geophysiker Alfred Wegener (1880–1930) etwa entwickelte 1912 die Theorie von der Kontinentaldrift, der zufolge die gesamte Landmasse der Erde ursprünglich einen einzigen Riesenkontinent bildete, den Wegener Panagäa („gesamte Erde“) nannte. Im Verlauf von 200 Millionen Jahren zerfiel Panagäa entlang der großen geologischen Verwerfungen (Schwachstellen in der Erdkruste, an denen der geschmolzene Erdkern an die Oberfläche dringen kann), und die einzelnen Teile schoben sich auseinander. Die Verwerfungen sind entweder divergent (auseinandergebrochen) und bilden – vor allem am Meeresgrund – tiefe Gräben, oder sie sind konvergent (aufeinandergeschoben). In diesem Fall entstanden Gebirge, da die eine Platte durch die Wucht des Aufpralls der zweiten aufgefaltet wurde.

Den Berechnungen zufolge entfernen sich Südamerika und Afrika pro Jahr rund fünf Zentimeter voneinander, während der Pazifik jährlich etwa einen Zentimeter breiter wird.

Erdbeben treten dann auf, wenn entlang der Verwerfungslinien Vulkane ausbrechen oder sich benachbarte Platten der Erdkruste plötzlich an der Fuge zwischen den Platten entlangbewegen. Die meisten Erderschütterungen bleiben unbemerkt, manche aber führen zu gewaltigen Katastrophen, so daß Städte zerstört werden, Lawinen und Geröllmassen losbrechen, Flüsse über die Ufer treten und neue Risse

Erdbeben treten meist ohne Vorwarnung auf und dauern nur kurze Zeit. Das Beben, das 1906 San Francisco erschütterte (oben), verwüstete die Stadt in nur 75 Sekunden.

Löcher in der Straße beim Erdbeben in Los Angeles im Jahr 1971.

und Verwerfungen an der Erdoberfläche entstehen.

Eines der größten Erdbeben der Geschichte ereignete sich 1964 zwischen Valdez und Anchorage in Alaska. Die Nordpazifik- und die Nordamerikaplatte, die konvergent zueinander sind, wurden einige Jahre lang auf einer Strecke von rund 20 Kilometern immer enger aneinandergepreßt. Der Druck stieg unaufhörlich an, bis es am 27. März zu einem Ausbruch kam, dessen Sprengkraft rund 200000 Megatonnen TNT entsprach. Die schnellsten Stoßwellen erreichten eine Geschwindigkeit von über 22000 km/h. Die Docks von Valdez

Das Erdbeben von San Francisco im Jahr 1989 hätte wesentlich größeren Schaden angerichtet, wenn nicht 1906 eine erdbebensichere Bauweise vorgeschrieben worden wäre.

stürzten ins Meer, der Hafen wurde trockengelegt, und die Bewohner, die sich im Hafengebiet aufhielten, wurden zusammen mit Schlamm- und Schuttmassen in einem Wirbel mitgerissen, der durch eine versinkende Lagerhalle entstanden war. Im Landesinneren wurden auf einem großen Gebiet die Häuser dem Erdboden gleichgemacht. In Anchorage brach die Hauptstraße auf einer Seite ein, und durch die Erschütterungen wurde der Lehmboden aufgewühlt, auf dem ein ganzes Wohnviertel errichtet worden war. Von dem Stadtteil blieben nur Erdmassen mit eingestürzten Häusern übrig, die zum Meer abrutschten. Es kam zu unvorstellbaren Schreckensszenen. Zwei fliehende Kinder stürzten in einen tiefen Spalt, der sich vor dem Haus auftat und sich über ihnen wieder schloß. Zwei Menschen überlebten nur, weil sie auf einer Erdschicht standen, die neun Meter angehoben wurde, während die übrige Umgebung verwüstet wurde.

Die Erdbebenwellen pflanzten sich auch im Meer fort und lösten eine gewaltige Flutwelle (*Tsunami*) aus, deren Verwüstungen sich die Pazifikküste entlang bis in die weit südlich gelegene kalifornische Stadt Crecent City zogen.

Auf einem Schiff spürt man in der Nähe des Epizentrums eines Erdbebens oft nur einen heftigen Ruck, denn die stärksten Stoßwellen bewegen sich weit unter der Wasseroberfläche fort. Der tiefe Ozean bietet den Wellen kaum Widerstand, so daß sie Tausende Kilometer mit unverminderter Kraft zurücklegen können. (In Südamerika aufgetretene Beben waren beispielsweise noch in Neuseeland, Japan und Hawaii zu spüren.) Wenn die Wellen auf das Festland treffen, wirken die seichten Ufer als starker Widerstand, so daß sie sich abrupt verlangsamen. Ihre Wucht ist aber so gewaltig, daß sich das Wasser zu riesigen Flutwellen auftürmt. 1993 etwa erreichte ein *Tsunami* im Japanischen Meer fast 30 Meter Höhe. Die Flutwelle, die sich 1737 vor der sibirischen Halbinsel Kamtschatka auftürmte, war 70 Meter hoch.

Wie Erdbeben können auch *Tsunamis* durch einen Vulkanausbruch ausgelöst werden. Als die Insel Krakatoa westlich von Java (und

Ein Dampfer wurde 1867 vor den Westindischen Inseln von einer Flutwelle erfaßt.

nicht östlich, wie es in Hollywood dargestellt wurde) im August 1883 zerstört wurde, war die Explosion noch 4000 Kilometer weiter zu hören. Es bildete sich eine 35 Meter hohe Flutwelle, durch die die flachen Inseln und Küstensiedlungen an der Sundastraße und selbst ein Dorf zehn Kilometer weit im Landesinneren verwüstete.

Blitz und Donner

Gewitter werden von vielen Völkern mit mächtigen Kriegsgöttern in Verbindung gebracht. Beim westafrikanischen Volk der Yoruba gilt der große Donnergott Shango als größter Kriegsherr und König des Volkes. Im östlich gelegenen Ruanda ist der Blitz (Nkuba) der mächtigste Gott des Himmels. In den Mythen der Hindus sind Donner und Blitz die Waffen des Kriegsgottes Indra, des höchsten Gottes der wedischen Götterwelt. Er heißt auch *Wadschiri* (der Donnerschleuderer). Die heilige Schrift *Rigweda* berichtet davon, wie Indra mit Hilfe des Donners den Drachen Writra tötet.

Auch für Zeus (Jupiter), den obersten Gott der griechisch-römischen Götterwelt, spielt der Donner als Waffe eine wichtige Rolle; er wird in der unterirdischen Werkstätte des Schmiedegottes Hephaistos (Vulkan) von den Zyklopen hergestellt. In einer Sage heißt es, daß Zeus den Halbgott der Heilkunst, Äskulap, mit dem Donner tötete, weil er einen Mann von den Toten erweckt hatte. Als Rache tötete der Gott Apollo die Zyklopen.

In den heidnischen germanischen Mythen werden Gewitter und ähnliche Himmelsphänomene dem mächtigen Himmelsgott Donar (Donner) zugeordnet, den die Angelsachsen Thunor und die skandinavischen Völker Thor nannten. Bei seinen himmlischen Kämpfen gegen Drachen und Riesen verwendet Thor seinen Hammer als Waffe; die Hammerschläge bewirken Donner und Blitz. Auch Thors roter Bart gilt als Symbol des Blitzes. Dieser Gott wird mit dem donnerschleudernden Jupiter gleichgesetzt, daher ist auch der Donnerstag (auf Latein *Jovis dies*, Tag des Jupiter) nach ihm benannt.

In den Mythen der nordamerikanischen Ureinwohner wird der Geist von Donner und Blitz meist durch den Donnervogel symbolisiert, einen großen, adlerähnlichen Vogel (von dem es an der Nordwestküste heißt, daß er sogar Wale davontragen kann). Der Blitz entsteht durch das Aufleuchten seiner Augen und der Donner durch den Flügelschlag. Wie andere Donnergottheiten ist der Vogel zwar wild, aber er schützt die Menschheit auch vor bösen Mächten. Es gibt hier Ähnlichkeiten zu den Kämpfen Thors gegen die bösen Riesen, denn in manchen Gebieten Nordamerikas heißt es, daß Gewitter auftreten, wenn der Donnervogel gegen Unholde der Unterwelt kämpft.

Westliche Wissenschaftler erlangten im 18. Jhd. erste Aufschlüsse über die Ursachen der Gewitter. 1752 ließen der Amerikaner Benjamin Franklin und der Franzose M. d'Alibard unabhängig voneinander im

Vor dem Gewitter verdunkeln sich Haufenwolken, da die Feuchtigkeit zunimmt.

Regen, Eis und Wind führen zu elektrischen Entladungen. Da sich Licht schneller als Schall fortbewegt, bemerkt man den Blitz meist vor dem Krachen des Donners.

Gewitter Drachen steigen und konnten in der Folge beweisen, daß Donner und Blitz elektrische Phänomene sind. In den Regenwolken steigt warme, feuchte Luft mit bis zu 130 km/h auf. In den hohen Wolkenschichten kondensiert die Luft, gefriert und fällt in Form von Hagel zu Boden. In den tieferen Schichten der Wolke schmilzt der Hagel und wird zu Regen. Bei starkem Wind können Regen und Hagel wieder mit großer Geschwindigkeit nach oben geweht werden und sehr rasch gefrieren, so daß sich bis zu acht Zentimeter große Hagelkörner bilden, die mit fast 100 km/h auf die Erde fallen können. Dabei entsteht eine enorm hohe Elektrizität, und die Wolken werden elektrisch aufgeladen. In einem bisher noch nicht ganz geklärten Vorgang kommt es zu einer Entladung in Form eines Blitzes, eines gewaltigen, negativ geladenen Funkens, der von einer positiven Ladung in derselben oder einer anderen Wolke oder – ungünstigerweise – auch auf der Erde angezogen wird.

Durch eine Wasserhose hervorgerufener Blitz in Florida.

Man geht davon aus, daß sich die Luft beim Durchgang eines Blitzes plötzlich stark ausdehnt, wodurch es zum Donner kommt.

Ein einziger Blitz kann mehrere Kilometer lang sein. Man unterscheidet häufig Linienblitze und Flächenblitze, allerdings wirken letztere nur deshalb flächig, weil der Blitzstrahl von den Wolken verdunkelt wird. Das menschliche Auge nimmt den Blitz als Linie wahr, mit Hilfe der Hochgeschwindigkeitsphotographie fand man jedoch heraus, daß ein Blitzstrahl aus einer Reihe schnell auf- und abfahrender Stöße besteht, die sich innerhalb weniger Tausendstel Sekunden hin und her bewegen. Die meisten Blitze entstehen bei Gewittern, sie können aber auch bei Schnee-, Sand- und Wirbelstürmen sowie bei Wasserhosen auftreten. Sogar der sprichwörtliche „Blitz aus heiterem Himmel" kann durchaus vorkommen.

Asche, Bimsstein und andere Mineralien, die bei Vulkanausbrüchen in die Luft gewirbelt werden, können ebenfalls soviel elektrische Energie erzeugen, daß es zu Blitzen kommt. Als im November 1963 durch den Ausbruch eines Unterwasservulkans südlich von Island die Insel Surtsey entstand, wurden bei heftigen Explosionen riesige Aschenwolken mit über 300 km/h hoch in die Luft geschleudert. Diese Eruptionen waren manchmal von kurzen Zickzackblitzen begleitet.

Blitze können auch in Form roter, oranger oder gelber Kugeln zu sehen sein, die ein paar Sekunden mitten in der Luft stehen bleiben oder aus einer Wolke zu Boden fallen und manchmal beim Aufprall gleichsam weghüpfen. Berichten zufolge wurde 1936 in Großbritannien ein Haus von einem roten Kugelblitz getroffen. Die Kugel durchtrennte die Telefonleitungen, verbrannte die Fensterrahmen und landete dann in einer Schüssel mit Wasser, das sofort zu kochen begann. Einer bestimmten Theorie zufolge stehen manche prähistorischen Steinkreise in Großbritannien und anderen Ländern an Stellen, an denen Kugelblitze gesehen wurden. In Avebury im Südwesten Englands (S. 120–121) war das angeblich der Fall. An solchen Orten kann das Auftreten von Kugelblitzen auch mit geologischen Besonderheiten oder dem Erdmagnetismus zusammenhängen.

Bei Flächenblitzen wird das Licht durch eine Wolke abgeschwächt und reflektiert.

Hurrikane und Überschwemmungen

Wirbelstürme und Überschwemmungen sind häufige Naturkatastrophen und spielen überall auf der Welt in den mythologischen Erzählungen der einzelnen Völker eine wichtige Rolle.

Das Wort „Hurrikan“ geht auf einen mittelamerikanischen Mythos zurück: Der Sturmgott der Maya heißt in der Sprache Quiché „Huracán“; dieser Begriff wurde sodann von den Spaniern als Bezeichnung für heftige Stürme übernommen und dann auch in anderen Sprachen verwendet (etwa *hurricane* im Englischen, *ouragan* im Französischen und *Orkan* im Deutschen).

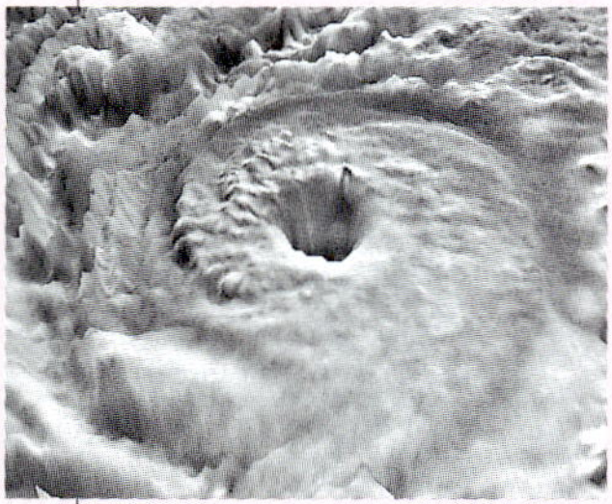

Computeraufnahme eines Hurrikans vor der mexikanischen Küste (1980), die das Auge des Sturms zeigt.

Sturmgottheiten wie der griechische Poseidon oder der japanische Susano sind furchterregende Mächte, die die Kräfte des Chaos und des Aufruhrs symbolisieren. Da sie über den Regen herrschen, verhelfen sie aber auch der Erde zu Fruchtbarkeit. Ein Beispiel für diese Doppelfunktion sieht man anhand des alten kanaanitischen Sturmgottes Baal.

In vielen Mythen sind Überschwemmungen kosmische Katastrophen, von denen die Menschheit ausgelöscht wird, oft sind sie die Strafe Gottes für das Übertreten der Gebote. Die berühmteste Flutkatastrophe der jüdisch-christlichen Tradition findet man in der Geschichte von der Arche Noah im Buch Genesis. Der Bericht geht vermutlich auf Flutmythen der alten Völker Südmesopotamiens zurück, deren Heimat am Zusammenfluß von Euphrat und Tigris häufig von Überschwemmungen betroffen war. Die einzelnen Überlieferungen weisen deutliche Parallelen auf. Die Überschwemmung aufgrund heftiger Regenfälle ist die göttliche Strafe für die Sündhaftigkeit der Menschen. Nur ein Mensch – in den hebräischen Schriften Noah, in den drei anderen erhaltenen Berichten Atrahasis (S. 15), Utnapischtim beziehungsweise Ziusudra – überlebt, indem er ein Schiff baut und nach dem Rückgang des Wassers die Erde erneut bevölkert.

Die Mythen des Nahen Ostens beeinflußten vielleicht auch den griechischen Mythos von Deukalion, des Sohnes von Prometheus, und seiner Frau Pyrrha, die als einzige die gewaltige, von Zeus gesandte Flut überleben. Hier könnte auch ein Zusammenhang mit dem indischen Mythos von Manu gegeben sein: Manu, der erste Mensch, wird von einem Fisch vor einem Sturm und einer Überflutung ungeahnter Stärke gewarnt. Er baut sich ein Boot und kommt mit dem Leben davon. Ähnliche Sagen findet man jedoch in allen überschwemmungsgefährdeten Gebieten. In einer südchinesischen Sage etwa überlebt ein Geschwisterpaar die Flutkatastrophe, die der Donnergott herabsendet, indem sie sich in einem großen Kürbis auf dem Wasser treiben lassen. Später heiraten sie und bevölkern die Welt erneut.

Durch den Hurrikan Alicia umstürzende Masten in Texas (1983).

Die Vorstellung von einem neuen Kosmos, der nach der Zerstörung des alten durch Sturm und Überflutung entsteht, ist nicht auf die Alte Welt beschränkt. Im Aztekenmythos der fünf Sonnen (Welten) heißt es, daß die zweite Sonne erlöscht, als der oberste Gott Quetzalcoatl von einem Hurrikan davongeweht wird. Die derzeitige fünfte Sonne entstand, nachdem die vierte von einer Flut weggespült worden war und die Menschen sich in Fische verwandelt hatten.

In manchen Kulturen wird die Katastrophe von der Sündhaftigkeit eines einzelnen Menschen bewirkt. Im Volksglauben der Chewong in Malaysia kommt es zu Flutkatastrophen, wenn ein Mensch sich über ein Tier lustig macht und sich somit den Zorn der Unterweltschlange zuzieht, die über die Fluten gebietet. Die Ureinwohner des nördlichen Australien kennen zahlreiche Schöpfungsmythen, in denen

Im Westen galten Stürme als Werk des Teufels, der hier auf dem Kirchturm sitzend dargestellt wurde.

eine große Schlange, die den Regenbogen symbolisiert, von einem alten Helden erzürnt wird und daher Sturm und Überflutung auf die Erde sendet. Durch das Wasser werden alle Menschen fortgeschwemmt. Derartige Mythen können mit dem Steigen des Meeresspiegels nach der letzten Eiszeit zusammenhängen.

Stürme und Hurrikane werden durch Luftbewegungen in der Atmosphäre verursacht. Als Folge der Oberflächenerwärmung durch die Sonne entstehen Winde, da heiße Luft aufsteigt und kühlere Luftmassen zu Boden sinken. Besonders starke Winde bilden sich in Zusammenhang mit mächtigen Luftwirbeln, den Zyklonen. Zyklone treten weltweit auf, besonders häufig aber im tropischen Spätsommer und Herbst, wenn warme, feuchte Hochdruckgebiete auf kalte Tiefdruckgebiete aus dem Norden oder Süden treffen. Wo die Luftmassen aufeinanderprallen, kommt es durch die Corioliskraft (Drehbewegung aufgrund der Erdrotation) zu Zyklonen. Diese wiederum drehen sich auf der Nordhalbkugel gegen den Uhrzeigersinn und auf der Südhalbkugel mit dem Uhrzeiger.

Je niedriger der Druck im Inneren des Zyklons ist, desto stärker sind die Winde, die dadurch auftreten. Im Mittelpunkt des Wirbels liegt das windstille „Auge" des Sturms, in dem der Druck niedrig ist. Rund um das Auge sind die Winde besonders heftig, sie bilden hier einen rotierenden Luftzylinder. Starke aufsteigende Winde erzeugen in Verbindung mit hoher Luftfeuchtigkeit die dichten Regenwolken und Niederschläge, wie sie für Zyklone typisch sind.

Starke Wirbelstürme, in denen es zu Windgeschwindigkeiten von über 120 km/h kommt, tragen je nach Land unterschiedliche Namen. In der Karibik und im Golf von Mexiko nennt man sie Hurrikan, im Indischen Ozean Zyklon, im Chinesischen Meer und im Westpazifik Taifun.

Wirbelstürme können bis zu 2000 Kilometer breit sein und Durchschnittsgeschwindigkeiten von rund 160 km/h erreichen. Bei besonders starken Stürmen können einzelne, höchst gefährliche Böen sogar über 300 km/h erreichen. Oft treten zugleich mit den Hurrikanen auch noch Tornados auf (S. 168–169).

Das Auge des Hurrikans hat etwa 30 bis 40 Kilometer Durchmesser. Wenn dieses Auge sich über eine vom Hurrikan betroffene Region bewegt, hören die heftigen Stürme und Regenfälle kurz auf und kehren dann mit derselben Stärke wieder.

Für Bangladesch sind die häufigen Wirbelstürme über der Bucht von Bengalen besonders katastrophal, da der Großteil des Landes nur 16 Meter über dem Meeresspiegel liegt. Die schlimmsten Schäden richten dabei die gewaltigen Flutwellen an. Sie entstehen, wenn der Sturm das Meerwasser viele Meter hoch über den normalen Meeresspiegel auftürmt. Am 12. und 13. Oktober 1970 führte ein verheerender Zyklon zu Windgeschwindigkeiten von über 240 km/h und in der Folge zu einer sieben Meter hohen Flutwelle. Mindestens 300 000 Menschen kamen damals ums Leben.

Tornados, Windhosen und Wasserstrudel

Zu den bedrohlichsten Wettererscheinungen, die die Erde zu bieten hat, gehören Wasserstrudel und Windhosen (kompakte, rotierende Wasser- oder Lufttrichter).

In großen Wassermassen können gefährliche Strudel entstehen, wenn etwa im Meer entgegengesetzte Strömungen heftig aufeinanderprallen, so daß es zu starken Wirbelbewegungen kommt. Der Sog kann dabei so stark sein, daß sogar Schiffe davon auf den Meeresgrund gedrückt werden. In den griechischen Mythen wird dieses Phänomen mit dem Ungeheuer Charybdis gleichgesetzt. Charybdis ist die Tochter der Erdgöttin Gaia und des Meeresgottes Poseidon. Sie lebt in der Straße von Messina zwischen Sizilien und dem italienischen Festland. Dreimal am Tag saugt sie das Wasser ein, wodurch ein schrecklicher Strudel entsteht, der alle Schiffe in der Nähe in die Tiefe reißt. Der Sagenheld Odysseus überstand die Begegnung mit Charybdis, indem er sich an einen Ast klammerte, während sein Schiff im Wasserstrudel verschwand.

In manchen Gebieten stellen Wasserstrudel eine ständige Gefahr für die Schifffahrt dar, so etwa in der Straße von Naruto zwischen Japan und dem Pazifik, vor den Hebriden und den Orkney-Inseln (Schottland) oder den Lofot-Inseln (Nordnorwegen). In Norwegen ist der rund acht Kilometer breite, berüchtigte Meeresstrudel „Malstrom“ zwischen den Inseln Moskenesøya und Mosken gefürchtet.

Windhosen (Tromben) entstehen durch die Corioliskraft (S. 167); sie sind im Prinzip sehr kleine Hurrikane. Von der Erdoberfläche steigt heiße Luft auf und wird in eine Drehbewegung versetzt, weil sie zum Beispiel ein Hindernis umströmen muß. In der Folge kommt es zu einer Luftspirale, in deren Mittelpunkt sich ein Sog nach unten bildet. Wenn sich die Windhose weiterbewegt, nimmt sie Schmutzpartikel auf und wird als Staubwolke sichtbar. Diese Windwirbel kommen insbesondere in tropischen Gebieten während der Trockenzeit vor, wenn es tagsüber sehr heiß ist. Windhosen können in Form der relativ ungefährlichen „Staubteufel“ auftreten, aber auch zu gewaltigen Tornados mit enormer Zerstörungskraft anwachsen. Staubteufel sind kleine Wirbelwinde, die bei hohen Temperaturen an der Erdoberfläche entstehen, wie es in den Tropen häufig zu beobachten ist.

Tornados (vom spanischen Wort *tronada*, „Gewitter“) entstehen unterhalb von Gewitterwolken, wenn

Tornados nähern sich mit zunehmender Stärke immer mehr der Erdoberfläche.

Tornados fordern nicht so viele Todesopfer wie Hurrikane, richten aber auf einem begrenzten Gebiet größeren Schaden als jede andere Naturkatastrophe an, wie hier in Florida 1926.

die Luftfeuchtigkeit hoch ist und dazu warme und kalte Luftschichten aneinander liegen. Von der erwärmten Erdoberfläche aus bildet sich ein schmaler, sehr starker Sogkanal in Richtung der Gewitterwolken, deren Temperatur um den Gefrierpunkt liegt. Aufgrund der Corioliskraft beginnt sich der Luftsog zu drehen und bildet dann die typische, trichterförmige Großtrombe. Tornados entstehen auch dann, wenn ein Staubteufel auf eine darüberliegende Haufenwolke trifft.

Auf der Nordhalbkugel liegen günstige Bedingungen für das Entstehen von Tornados vor allem im Frühjahr vor, besonders häufig sind sie im Mittleren Westen der USA, in Nordindien, im nördlichen Indochina und in China selbst. Kleinere Tornados sind auch im Süden Großbritanniens und im Landesinneren Westeuropas zu beobachten. Oft klingen die Luftwirbel ab, bevor sich der Tornado ganz aufgebaut hat, und zwei Drittel der Tornados sind nach längstens drei Minuten vorüber.

Wasserhosen sind schwerer als Tornados auf dem Land und daher weniger gefährlich.

Wenn der Trichter der Windhose den Boden berührt, wird alles, was ihm in den Weg kommt, nach oben gesogen und fällt dann als Schutt wieder zur Erde. Der Trichter ist oft 250 bis 600 Meter hoch und hat am Boden einen Durchmesser von 100 bis 300 Metern.

Die gesamte Trombe bewegt sich im Schnitt mit nur 50 bis 70 km/h fort, allerdings kommt es innerhalb des Luftwirbels zu Windgeschwindkeiten von mindestens 500 km/h, und fallweise erreichten sie fast Schallgeschwindkeit (rund 1200 km/h).

Ohrenzeugen verglichen das Geräusch des Tornados mit dem Summen eines Riesenschwarms Bienen oder dem Motorenlärm eines Düsenjets. Die wenigen Menschen, die in einen Tornado gerieten und die Katastrophe lebend überstanden, beschrieben das Innere als wirbelnde Masse, in der unaufhörlich Blitze zu sehen sind. In der Mitte des Strudels herrscht ein sehr niedriger Luftdruck; so daß Häuser explodieren können, wenn sie dem plötzlichen Druckabfall durch einen Tornado ausgesetzt sind.

Extrem starke Windhosen vermögen selbst Züge von den Schienen zu heben und ganze Häuser zu versetzen. Bei Tornados kann es vorkommen, daß das Wasser samt den Fischen aus einem Flußbett gezogen und an anderer Stelle wieder ausgespien wird.

Der schrecklichste, je beschriebene Tornado wütete am 18. März 1925 im amerikanischen Bundesstaat Missouri, von wo er sich 350 Kilometer weit fortpflanzte. Ganze Städte wurden zerstört, und 689 Menschen fanden den Tod. Die Wolke, unter der sich die Trombe dahinbewegte, war so nahe an der Erdoberfläche, daß man den Trichter nicht erkennen konnte. Ein Augenzeuge beschrieb ihn als seltsamen Nebel, der unter einer brodelnden Wolkenmasse auf ihn zurollte.

In der amerikanischen Stadt Boulder in Colorado kam es eines Winters zu einem Sturm aus Bergtornados, die bis zu 30 Meter breite Schneemassen mit sich wirbelten und Windgeschwindigkeiten bis zu 150 km/h erreichten.

Windhose zwischen Strommasten in St. Louis (Illinois) im Jahr 1990. Im Mittleren Westen der USA kommt es oft zu Tornados, wenn warme Luft vom Golf von Mexiko auf kühlere Strömungen aus den Rocky Mountains trifft.

Glossar

Akkader: semitisches Volk, beheimatet im nördlichen Sumer (Mesopotamien) in der Mitte des 3. Jahrtausends v. Chr., das später ganz Sumer besetzte.

Algonkin: eine der großen indianischen Sprachfamilien mit zahlreichen Stämmen, von denen die meisten in den Wäldern im Nordosten Nordamerikas lebten.

Anatolien: Bergregion im asiatischen Teil der Türkei mit bedeutenden Städten, z. B. Çatal Hüyük in der Jungsteinzeit.

Animismus: der Glaube, besonders in nicht-westlichen Kulturen, daß alle Dinge, belebte und unbelebte, eine lebendige geistige Wesenheit (Seele) besitzen.

Ashtoreth: alte Muttergöttin des Nahen Ostens. Verehrt als Fruchtbarkeitsgottheit. Ihr Kult breitete sich, von Phönizien ausgehend, im gesamten Mittelmeerraum aus.

Assyrien: ein Reich im nördlichen Mesopotamien, das um 1300 v. Chr. zu expandieren begann und während seiner Blütezeit bis nach Ägypten und ans Mittelmeer reichte.

Babylon: ein Gebiet im südlichen Mesopotamien, das Akkad und Sumer umfaßte. Zwischen 1850 v. Chr. und 300 v. Chr. war Babylon die Hauptstadt.

Barrows: östliche Begräbnishügel mit einer Vielzahl von Formen und Größen. Ihre innere Architektur besteht häufig aus steinernen Durchgängen und Kammern.

Brigitta (Brigid): eine irische Göttin, verbunden mit Fruchtbarkeit, Ackerbau und Kreativität. Im Frühchristentum wurde sie als Hl. Brigitta zur Patronin Irlands.

Bronzezeit: eine Periode, in der Bronze das Hauptmaterial zur Werkzeug- und Waffenerzeugung war (in Asien zwischen dem 3. und 2. Jahrtausend v. Chr., in Europa während dem 2. und frühen 1. Jahrtausend v. Chr.).

Ceques: im Inka-Glauben heilige, gerade „Linien", die strahlenförmig vom Sonnentempel in Cuzco ausgehen und längs derer die *huacas* (heilige Stätten) gefunden wurden.

Cheyenne: Ureinwohner Nordamerikas im Gebiet der westlichen Prärie.

Chippewa: anderer Name für die Ojibwa, ein nordamerikanischer Indianerstamm.

Choctaw: Ureinwohner Nordamerikas im Gebiet der westlichen Prärie.

Crow: Ureinwohner im Westen Nordamerikas.

Demeter: eine alte griechische Naturgöttin, verantwortlich für die Fruchtbarkeit des Bodens und den Ackerbau. Sie und ihre Tochter Persephone wurden als Getreidegöttinnen verehrt und standen für neues Wachstum (Persephone) und die Ernte (Demeter).

Dewi: „die Göttin", ist die höchste weibliche Gottheit im Hinduismus. Ihre vielen Aspekte manifestieren sich in verschiedenen Göttinnen: als Parwati, der Gattin Schiwas, und als wilde, schreckliche Kali.

Gaia: in der griechischen Mythologie die Ursprungsgöttin; Verkörperung der Erde, Mutter des Uranus, des Himmels, der Häfen und der See. Sie war die Göttin der Landschaft und der Natur.

Ganga: in der Hindumythologie die göttliche Personifikation des Flusses Ganges. Sie steht in Verbindung mit Gesundheit und Wohlstand, und von ihrem heiligen Wasser heißt es, daß es die Sünden fortwäscht.

Giebel: der dreieckige Abschluß des Daches eines griechischen Tempels oder eines anderen Gebäudes.

Hethiter: indoeuropäisches Volk, das sich Anfang des 2. Jahrtausends v. Chr. auf dem Gebiet der heutigen Türkei ansiedelte und rund 1350 v. Chr. im arabischen Raum eine Vormachtstellung einnahm. Das Reich der Hethiter hielt sich weniger als 300 Jahre.

Hogan: ein traditionelles Wohnhaus der Navaho aus Morast, mit hölzernen Stützen.

Huaca: im Glauben der Inka Grundzüge eines bestimmten Landstriches, erfüllt mit mythischer Bedeutung und übernatürlichen Kräften.

Ishtar: in der babylonischen und assyrischen Mythologie die Göttin der Liebe, Sexualität und Fruchtbarkeit, verbunden mit vielen Erdgöttinnen. Sie war verantwortlich für die Fruchtbarkeit der Natur und das Menschengeschlecht

Isis: in der ägyptischen Mythologie eine Erd- und Fruchtbarkeitsgöttin, die Schwester und Gattin des Osiris.

Kali: in der Hindu-Mythologie die große Kriegsgöttin und Feindin der Dämonen. Gewöhnlich mit Lebens- (Speiseschalen und dem Lotus) und Todessymbolen (Halsketten aus Waffen und Totenköpfen) dargestellt.

Khnum: in ägyptischen Mythen ein Schöpfergott, verehrt in der Zeit des neuen Reiches. Es heißt, er habe Menschen und Götter auf einer Töpferscheibe geformt.

Komantschen: Ureinwohner Nordamerikas im Gebiet der südöstlichen Prärie.

Kulturheros: (meist legendäre) Heldengestalt, die in der Gründungsphase einer Gesellschaft außergewöhnliche Taten vollbringt.

Kybele: eine anatolische Muttergottheit, deren Kult sich nach 204 v. Chr. im gesamten Römischen Reich verbreitete, nachdem ihre Statue nach Rom gebracht worden war. Sie wurde zur Tagundnachtgleiche bei Fruchtbarkeitsriten gefeiert.

Luiseño: Ureinwohner Nordamerikas an der Küste des heutigen Kalifornien.

Manitu: Algonkin-Begriff, der den alles durchdringenden göttlichen Geist beschreibt.

Medizinrad: eine prähistorische Anordnung von Steinen und Felsblöcken, gefunden in den nordamerikanischen Ebenen und Prärien, die an ein Rad erinnert, mit einem äußeren „Rand" und strahlenförmigen „Speichen".

Megalith: jeder prähistorische massive Steinblock in der Art, wie sie in Europa von ca. 3200–1500 v. Chr. aufgestellt wurden.

Mesopotamien: das Gebiet zwischen und an den Flüssen Euphrat und Tigris, wo sich die sumerische, akkadische, babylonische und assyrische Zivilisation entwickelte. Heute weitgehend das Staatsgebiet des Irak.

Navaho: zahlenmäßig größtes Indianervolk. Lebten hauptsächlich in Arizona und New Mexico.

Neolithikum (Jungsteinzeit): Letzte Periode der Steinzeit. Dauerte in Europa von etwa 6000 v. Chr.–4500 v. Chr. In Asien von 11000 v. Chr.–8000 v. Chr. Aus dieser Zeit datiert der früheste organisierte Ackerbau.

Ojibwa: Algonkin-Volk aus dem Gebiet der Großen Seen in Nordamerika. Sie werden auch Chippewa genannt.

Paläolithikum (Altsteinzeit): Entwicklungsphase des Menschen, in der erstmals Steinwerkzeuge verwendet wurden. Es begann vor etwa 2,5 Millionen Jahren und dauerte bis zum Beginn des Mesolithikums (Mittelsteinzeit) rund 8500 v. Chr.

Pegmatit: Gestein mit großen Feldspat- und Glimmermineralien.

Phönizier: ein semitisches Seefahrervolk an der östlichen Küste des Mittelmeeres (etwa in der Gegend des heutigen Libanon und Nordisraels), mit großen Städten wie Sidon, Tyre, Berytus (Beirut), die von Alexander dem Großen und später von den Römern erobert wurden.

Pueblo (spanisch *pueblos*): jedes der Eingeborenenvölker im Südwesten Nordamerikas, die traditionellerweise als Bauern in Dörfern und kleinen Städten siedelten. Zu ihnen gehören die Hopi und die Zuñi.

Samen: finno-ugrisches Volk im Norden Skandinaviens und Nordosten Rußlands, auch als Lappen bekannt.

Schamane: ein ritueller Spezialist, spielt in den traditionellen Gesellschaften Asiens, Amerikas und Teilen Afrikas eine wichtige Rolle; er tritt mit Geistern in Verbindung und kann mit ihrer Hilfe Krankheiten heilen, die Zukunft voraussagen oder Krankheitszauber bewirken.

Schiwa: in der Hindu-Mythologie ein großer Natur- und Fruchtbarkeitsgott, der die gegensätzlichen Kräfte von Zerstörung und Wiedergeburt verkörpert. Als kreative männliche Energie ist sein Symbol der Linga oder erigierte Phallus.

Sumerer: ein nicht-semitisches Volk, das in Sumer, in Südmesopotamien, während des 4. Jahrtausends v. Chr. eine Zivilisation etablierte, die erste Schrift und den ersten Rechtscodex entwickelte und die ersten Städte gründete. Sie wurden von den Akkadern abgelöst.

Ta'aroa: Schöpfergott in der Mythologie Tahitis, der sowohl die Menschen schuf wie auch die Haupternährungsquelle der Insel, die Brotfrucht.

Tiamat: das weibliche Urmonster in der akkadischen Mythologie, das die Götter gebar. Sie wurde von Marduk, der ihren Körper in zwei Hälften zerschnitt, getötet. Die eine Hälfte wurde zum Himmel, die andere zur Erde.

Trickster (Gauner, Schwindler)**:** eine Figur, die in den Mythen und der Folklore der ganzen Welt vorkommt. Er kann menschlich, tierisch oder göttlich sein. Mutwillig verstößt er gegen die Gesetze von Menschen und Göttern. Beispiele sind Rabe und Kojote in Nordamerika und Loki in Skandinavien.

Visionssuche: das Herbeiführen eines ekstatischen Zustandes spiritueller Erleuchtung durch Fasten, Beten und Abgeschiedenheit.

Yggdrasil: in der skandinavischen Mythologie ein gewaltiger Baum, auch als Weltesche bekannt, der die Achse der Welt bildet.

Yin und Yang: männliches und weibliches Prinzip in der chinesischen Philosophie, Symbol für einander ergänzende Gegensätze.

Ymir: ein aus Eis erschaffener Urriese in der skandinavischen Mythologie. Er wurde von Odin und seinen zwei Brüdern getötet, die aus seinem Körper die Erde, aus seinem Blut die Meere und aus seiner Haut den Himmel formten.

Ziggurat: pyramidenförmiger babylonischer Tempelturm mit zahlreichen Stockwerken, von denen jedes folgende kleiner ist als das darunter befindliche.

Zuñi: Pueblo-Volk in New Mexico im Südwesten Nordamerikas.

Bibliographie und weiterführende Leseliste

Zusammenstellung: Guntram Geser

Arnold, D. 1992. Die Tempel Ägyptens. Götterwohnungen, Kultstätten, Baudenkmäler. München.
Bataille, G. 1986. Lascaux. Oder die Geburt der Kunst. Stuttgart.
Baumann, M. P. (Hg.) 1994. Andiner Kosmos. Weltbild und Symbolik indianischer Tradition in Südamerika. München.
Bechert, H., Gombrich, R. (Hg.) 1989. Der Buddhismus. Geschichte und Gegenwart. München.
Bisset, W., Palmer, M. 1990. Die Regenbogenschlange. Geschichten vom Anfang der Welt und von der Kostbarkeit der Erde. Bern.
Blum-Heisenberg, B. 1988. Die Symbolik des Wassers. Baustein der Natur – Vielfalt der Bedeutung. München.
Bochinger, Ch. 1995. New Age und moderne Religion. Gütersloh.
Böhme, H. (Hg.) 1987. Zur Kulturgeschichte des Wassers. Frankfurt a. M.
Boyd, R. T. 1980. Hügel, Gräber, Schätze. Eine illustrierte Einführung in die biblische Archäologie. Berlin.
Boyer, R. 1995. Die Wikinger. Stuttgart.
Burland. C. A. 1980. Völker der Sonne. Bergisch Gladbach.
Cavendish, R., Ling, T. (Hg.) 1991. Mythologie der Weltreligionen. Eine illustrierte Weltgeschichte des mythisch-religiösen Denkens. Bindlach.
Ceram, C. W. 1991. Das Buch der Pyramiden. Reinbek b. H.
Chadwick, J. 1979. Die mykenische Welt. Stuttgart.
Chatwin, B. 1994. Traumpfade. Frankfurt a. M.
Clarke, P. B. 1993. Atlas der Weltreligionen. Wien.
Daniel, G. 1988. Geschichte der Archäologie. Bergisch Gladbach.
Decker, R. u. B. 1994. Von Pompeji zum Pinatubo. Die Urgewalt der Vulkane. Berlin.
Doberer, K. K. 1991. Die Goldmacher. Zehntausend Jahre Alchemie. Frankfurt a. M.
Downs, R. M., Stea, D. 1982. Kognitive Karten. Die Welt in unseren Köpfen. Pullach.
Duerr, H. P. 1981. Traumzeit. Über die Grenzen zwischen Wildnis und Zivilisation. Frankfurt a. M.
Dühnfort, E. 1982. Am Rande von Atlantis. Von irischen Helden, Heiligen und Druiden. Stuttgart.
Ehrenberg, M. 1994. Die Frau in der Vorgeschichte. München.
Eitel, E. 1982. Feng Schui. Waldeck.
Eliade, M. 1986. Die Religionen und das Heilige. Frankfurt a. M.
Etienne, R. 1991. Pompeji. Stuttgart.
Fagan, B. M. 1993. Das frühe Nordamerika. Archäologie eines Kontinents. München.
Franz, M. L. 1990. Schöpfungsmythen. Bilder der schöpferischen Kräfte des Menschen. München.
Frazer, J. G. 1989. Der Goldene Zweig. Das Geheimnis von Glauben und Sitten der Völker. Reinbek b. H.
Frey, P., Bonn, G. 1991. Ganges. Zürich.
Gehlhar, F. 1995. Wie der Mensch seinen Kosmos schuf. Eine kleine Kulturgeschichte der Astronomie. Berlin.
Giebel, M. 1993. Das Geheimnis der Mysterien. Antike Kulte in Griechenland, Rom und Ägypten. München.
Göttner-Abendroth, H. 1993. Die Göttin und ihr Heros. München.
Grant, M. 1988. Pompeji – Herculaneum. Untergang und Auferstehung der Städte am Vesuv. Bindlach.
Haberland, W. 1991. Amerikanische Archäologie. Geschichte-Theorie-Kulturentwicklung. Darmstadt.
Haid, H. 1990. Mythos und Kult in den Alpen. Ältestes, Altes und Aktuelles über Kultstätten und Bergheiligtümer im Alpenraum. Rosenheim.
Hallpike, C. R. 1990. Die Grundlagen primitiven Denkens. München.
Hart, G. 1993. Ägyptische Mythen. Stuttgart.
Helfritz, H. 1990. Amerika. Inka, Maya und Azteken. Bindlach.
Heurgon, J. 1993. Die Etrusker. Stuttgart.
Holm, E. 1969. Die Felsbilder Südafrikas. Tübingen.
Hornung, E. 1992. Geist der Pharaonenzeit. München.
Hübner, K. 1985. Die Wahrheit des Mythos. München.
Hug-Fleck, C. J. 1988. Die ruhelose Erde. Vulkane und ihre Entwicklung. Hannover.

Jacob, K. 1995. Entfesselte Gewalten. Stürme, Erdbeben und andere Naturkatastrophen. Berlin.

Johnson, B. 1990. Die Große Mutter in ihren Tieren. Göttinnen alter Kulturen. Heitersheim.

Kamp-Linfort, V. (Hg.) 1994. Mythen von der Erschaffung der Menschen. Hamburg.

Keilbauer, A. u. P. 1983. Die Bildsprache des Hinduismus. Die indische Götterwelt und ihre Symbolik. Köln.

Kohl, K. H. (Hg.) 1992. Mythen im Kontext. Frankfurt a. M.

Krickeberg, W. 1975. Altmexikanische Kulturen. Berlin.

Lanczkowski, G. 1989. Die Religionen der Azteken, Maya und Inka. Darmstadt.

Lechner-Knecht, S. 1989. Die Hüter der Elemente. Das geheimnisvolle Reich der Naturgeister. Berlin.

Leonard, G. 1986. Der Rhythmus des Kosmos. Reinbek b. H.

Leroi-Gourhan, A. 1981. Die Religionen der Vorgeschichte. Frankfurt a. M.

LeRoux, F., Guyonvarch, C. J. 1995. Die Druiden. Mythos und Magie der Kelten. Vilsbiburg.

Lovelock, J. 1992. Gaia. Die Erde als Lebewesen. München.

Ludwig, K. 1993. Flüstere zu dem Felsen. Die Botschaft der Ureinwohner unserer Erde zur Bewahrung der Schöpfung. Freiburg.

Luttringer, K. (Hg.) 1994. Zeit der Höhlen. Freiburg.

Maass, M. 1993. Das antike Delphi. Orakel, Schätze und Monumente. Darmstadt.

Markale, J. 1995. Die Druiden. Gesellschaft und Götter der Kelten. München.

Miao, W. (Hg.) 1982. Die Höhlentempel von Dunhuang. Ein Jahrtausend chinesischer Kultur. Stuttgart.

Michell, J. 1992. Sonne, Mond & Steine. Ein kleiner geschichtlicher Abriß der Astro-Archäologie. Birkenau.

Montet, P. 1992. Ägypten. Leben und Kultur in der Ramses-Zeit. Stuttgart.

Nou, J. L., Okada, A. 1993. Ajanta. Frühbuddhistische Höhlentempel. München.

Papst, W. 1995. Der Götterbaum. Unser Schöpfungsort im Kosmos. Frankfurt a. M.

Pfeiffer, M. 1994. Indische Mythen vom Werden der Welt. Berlin.

Pleticha, H., Müller, W. 1994. Höhlen, Wunder, Heiligtümer. Mythische und magische Plätze in Deutschland. Freiburg.

Raphael, M. 1993. Prähistorische Höhlenmalerei. Köln.

Reden, S. 1978. Die Megalith-Kulturen. Zeugnisse einer verschollenen Ur-Religion. Großsteinmale in Andalusien, Bretagne, Irland, Korsika, Malta, Sardinien, Stonehenge. Köln.

Ruppert, H. J. 1993. New Age. Endzeit oder Wendezeit. Wuppertal.

Schmitz, C. A. (Hg.) 1964. Religionsethnologie. Frankfurt a. M.

Schneider, G. 1980. Naturkatastrophen. Stuttgart.

Schüssler, K. 1983. Die ägyptischen Pyramiden. Baugeschichte und Bedeutung. Köln.

Schwarz, E. (Hg.) 1995. Die heilige Büffelfrau. Indianische Schöpfungsmythen. München.

Seiler, S. G. (Hg.) 1991. Gaia. Das Erwachen der Göttin. Braunschweig.

Selbmann, S. 1995. Mythos Wasser. Symbolik und Kulturgeschichte. Karlsruhe.

Sitchin, Z. 1992. Versunkene Reiche. Der Ursprung der Zivilisation im Reich der Maya und Inka. München.

Spangler, D. 1983. New Age. Die Geburt eines neuen Zeitalters. Gutach.

Szabó, A. 1989. Das geozentrische Weltbild. Astronomie, Geographie und Mathematik der Griechen. München.

Teichmann, F. 1992. Der Mensch und sein Tempel. Bd. 3: Die Megalithkultur in Irland, England und der Bretagne. Stuttgart.

Tolle-Kastenbein, R. 1990. Antike Wasserkultur. München.

Treumann, R. 1994. Die Elemente. Feuer, Erde, Luft und Wasser in Mythos und Wissenschaft. München.

Tworuschka, U. (Hg.) 1994. Heilige Stätten. Darmstadt.

Vitebsky, P. 1996. Schamanismus. Rheda-Wiedenbrück, Wien.

Waisbard, S. 1992. Machu Picchu. Bergisch Gladbach.

Walter, B. G. 1995. Das geheime Wissen der Frauen. München.

Weigand, H. 1987. Einsame Steine und ihre Beziehungen zum Menschen. Freiburg.

Weissmann, K. 1991. Druiden, Goden, weise Frauen. Freiburg.

Wenger, M. 1994. Göttinnen und Götter in den Mysterien des Heidentums. Bergen.

Zingsem, V. 1995. Der Himmel ist mein, die Erde ist mein. Göttinnen großer Kulturen im Wandel der Zeit. Tübingen.

Index

Die Seitenangaben beziehen sich auf den Haupttext. Hinweise auf Bildunterschriften oder Textkästen sind gesondert gekennzeichnet: *Kursive* Seitenangaben verweisen auf Bildunterschriften, **fett** gedruckte Seitenangaben auf Textkästen.

A

B

H

I

J

K

Q

R

S

Bildnachweise

Der Verlag dankt den Photographen, Agenturen und sonstigen Organisationen für die Abdruckerlaubnis der folgenden Photos in diesem Buch:

Abkürzungen:
u = unten, M = Mitte, o = oben, l = links,
r = rechts
BAL: Bridgeman Art Library
DBP: Duncan Baird Publishers
ESA: Europäische Weltraumorganisation
FLPA: Frank Lane Agency
HPL: Hutchinson Picture Library
MEPL: Mary Evans Picture Library
PLI: Picture Library International
RHPL: Robert Harding Picture Library
SPL: Science Photo Library
WFA: Werner Forman Archive

1 Zefa; **2** Zefa; **6** RHPL;

Erde und Schöpfung
8–9 Zefa; **10** ESA/PLI/SPL; **11o** Zefa; **11ul** Wheelwright Museum of the American Indian; **11ur** RHPL/Woolfitt; **12** K. Wilks; **13** BAL/British Library; **14o** Frank Spooner Pictures/Lewis; Zefa/Sunak; **14u** DBP; **16** WFA/Privatsammlung; **17o** James Pierce; **17u** BAL/Ali Meyer; **18u** Zefa/Sunak; **18–19** BAL/British Museum; **19u** BAL/Phillips; **20** Biblioteca Apostolica Vaticana; **21u** MEPL; **21o** The Futile Press; **22–23M** Varstokas; **22u** Jean-Loup Charmet; **23o** WFA; **23u** RHPL/Jordan; **24u** Zefa; **24o** British Museum; **25M** Zefa/Braun; **25o** HPL; **25u** Mick Sharp; **26o** e.t. archive/V&A; **26u** DBP; **27o** e.t. archive/V&A; **27u** Images; **28** BAL/Bibliothèque Nationale; **29o** American Museum of Natural History; **29u** Environmental Picture Library;

Spirituelle Wege und Landschaften
30–31 HPL; **32u** Zefa; **33o** e.t. archive/New York Public Library; **33u** HPL; **34–35** Panos Pictures/Penny Tweedie; **34u** RHPL; **35** Panos Pictures; **36** BAL/Bristol Art Museum; **37u** BAL/Bibliothèque Nationale; **37o** Barnaby's; **38** e.t. archive; **39** BAL/Musée Condé; **40o** Aspect/Carmichael; **40u** HPL/Dorig; **41o** RHPL/Beatty; **41u** DBP/von Dante; **42** Patrick Wey; **43u** RHPL; **43o** Patrick Wey; **44** Panos Pictures/Penny Tweedie; **45o** MEPL; **45u** BAL/Library of Congress; **46o** RHPL; **46u** RHPL/Corrigan; **47o** DBP; **47u** Michael Holford; **48** HPL/Murray; **48–49** Michael Holford; **49** RHPL; **50** Zefa; **51o** BAL/Bonhams; **51u** Mary Rose Trust;

Die Energie der Erde
52–53 Zefa; **54o** HPL/ Homer; **54u** Barnaby's/Gardner; **55u** Michael Holford; **55o** Zefa; **56o** Zefa/Thonig; **56u** Arcaid; **57o** e t. archive/Biblioteca Estense; **57u** Robert Estall; **58l** Bath Archaeological Trust; **59o** Bath Archaeological Trust; **59uM** British Museum; **59ur** Mansell Collection; **60** BAL/Prado; **61o** Michael Holford; **61u** Panos Pictures/Berriedale Johnson; **62ol** HPL/Brinicombe; **62M** Panos Pictures/Korfchak; **62r** RHPL/Woolfitt; **63o** Panos Pictures/Korfchak; **63ur** Panos Pictures/McEvoy; **64o** RHPL/Gilliam; **64u** BAL/British Library; **65o** Zefa/Brown; **65u** DBP; **66o** HPL; **66u** HPL/Goh; **67o** BAL/Christie's; **67u** Mansell Collection; **68u** Rex Features/Gral/SIPA; **68o** SPL/Parvainen; **69r** Zefa; **69u** MEPL; **70o** Zefa; **71o** HPL/Goh; **71u** RHPL/Dukes; **72o** Frank Spooner Pictures/Gamma/Gilli; **72u** Rex Features/Sipa; **73** WFA/Privatsammlung; **74** Mick Sharp/Jean Williamson; **75o** RHPL/ Gervis; **75ul** Rex Features/SIPA/Bean; **75uM** RHPL/Gervis; **75ur** *Allone with the Past* von Richard Reed, mit freundlicher Genehmigung der Kramer Gallery, Minneapolis; **76o** HPL/McIntyre; **76u** BAL/British Library; **77u** WFA/Privatsammlung; **77o** RHPL/Woolfitt; **78o** Zefa/Salmoiraghi; **78u** Survival Anglia/ Plage; **79o** MEPL; **79u** Zefa; **80l** Frank Spooner/Gamma/Salaba; **80M** MEPL; **80r** Survival Anglia/Root; **81o** MEPL; **81l** Mansell Collection; **81r** HPL/Frances; **82** HPL; **83o** Zefa/Bundachat; **83u** Zefa; **84o** RHPL/Krafft; **84u** RHPL; **85o** RHPL/B. Lytle; **86o** HPL/Leditt; **86u** Michael Holford; **87o** Zefa; **88l** HPL/Highet; **89o** HPL/Regent; **89ur** HPL/Highet; **89ul** HPL/Highet; **90** MEPL; **91** Michael Holford;

Bilder und Gebilde
92–93 Zefa/Schorke; **94** HPL/Goh; **95** Scala; **96o** HPL; **96u** e.t. archive; **96o** HPL; **97** WFA/Privatsammlung; **98** Colorphoto Hans Hinz; **99** Colorphoto Hans Hinz; **100** Robert Estall; **101o** RHPL; **101u** HPL/Job; **102** Dr. Richard Katz; **103o** FLPA/Gardener; **103u** RHPL; **104** Barnaby's; **106** RHPL; **107o** MEPL; **107M** RHPL/Woolfitt; **107r** MEPL; **108o** Frank Spooner Pictures/Gamma/Jordan; **108u** RHPL/

Frerck; **109** Robert Estall; **111o** Ohio Historical Society; **111ul** Ohio Historical Society; **111ur** DBP; **113** RHPL; **114ul** Tim E. H. Jones; **115o** Tim E. H. Jones; **115ul** Tim E. H. Jones; **116** Frank Spooner/Gamma; **117o** Michael Holford; **117u** Jean-Loup Charmet; **118u** Mick Sharp; **119o** Janet und Colin Bord; **119u** Mick Sharp; **120l** Mick Sharp; **121o** RHPL/Woolfitt; **121ul** HPL/Highet; **121uM** Mick Sharp; **121ur** Mick Sharp; **122l** MEPL; **122M** Robert Estall; **123o** Zefa; **123M** Mansell Collection; **124** Zefa/Mehlig; **125** RHPL/Beaumont; **126l** HPL/Frances; **126r** HPL/Frances; **127o** Zefa/Goebel; **127ul** HPL/Lawrie; **127uM** RHPL/Rennie; **127r** RHPL; **128o** Impact/ Yann Arthus-Bertrand; **128u** RHPL/Frerck; **129o** Rex Features/Cosulich; **129u** BAL/Bibliothèque Nationale; **130r** RHPL; **131o** RHPL/ Rawlings; **131M** RHPL/Rawlings; **131r** Mansell Collection; **132o** Rex Features/Dunn; **132u** Mansell Collection; **133o** Rex Features; **133u** HPL/Regent; **134–135** Colorphoto Hans Hinz; **135o** Michael Holford; **135ur** Colorphoto Hans Hinz; **136o** RHPL/Ryan; **136u** RHPL/ Frerck; **137o** Michael Holford; **137u** Mick Sharp/Jean Williamson; **138** Janet und Colin Bord; **139** RHPL/Woolfitt; **140l** American Museum of Natural History; **140o** RHPL/Frerck; **141l** American Museum of Natural History;

Die Erde als Quelle der Weisheit

142–143 Images; **144** J.Walton Smith; **145o** Peter Gorman; **145u** HPL/Parker; **146o** HPL; **146u** Michael Holford; **147o** Rex Features; **148o** Mick Sharp; **148u** Janet und Colin Bord; **149o** Mick Sharp/Jean Williamson; **149M** Janet und Colin Bord; **149u** MEPL; 150 SPL/G. Sams; **151** Frank Spooner/Gamma/Darr; **152o** DBP; **153r** BAL/Privatsammlung; **154u** HPL/Frerck **154o** K. Wilks; **155** Mick Sharp; **156u** BAL/ Lauros Giraudon; **157** BAL/MOMA; **158** Colorphoto Hans Hinz; **l59or** HPL; **159ul** Mansell Collection; **l59ur** Frank Spooner Pictures/ Gamma/Jordan;

Dokumentation und Hinweise

160 SPL/David Parker; **161** Rex Features/Sipa; **162l** Hulton Picture Library; **162r** Rex Features/ Brown; **163l** Rex Features/Manchester; **163r** Hulton Picture Library; **164r** Zefa/Ives; **165l** SPL/Fred K. Smith; **165r** SPL/Ayer; **166l** SPL/ Hasler und Pierce; **166r** SPL/Sam Pierson; **167** Hulton Picture Library; **168l** RHPL/Photri; **168r** Hulton Picture Library; **169r** SPL/Degginger